MITOLOGÍA AZTECA

MITOLOGÍA AZTECA

Viaje al corazón de los mitos aztecas para descubrir a los dioses, héroes y monstruos de la cultura azteca.

Contenido

Introduccion

Los aztecas, pueblo emblemático de la historia de la humanidad, conformaron una de las civilizaciones más fascinantes y complejas del mundo precolombino. Situados principalmente en lo que hoy es el centro de México, dominaron esta región de Norteamérica desde el siglo XIV hasta la llegada de los conquistadores españoles a principios del XVI. Su sociedad era rica y estructurada, su cultura estaba profundamente arraigada en complejas creencias religiosas y mitológicas, y su ingenio arquitectónico y artístico era notable.

La fundación de la gran ciudad de Tenochtitlan en 1325, en una isla del lago de Texcoco, marcó el inicio del dominio azteca. Según la leyenda, los aztecas, entonces un pueblo nómada, se asentaron aquí guiados por una señal divina: un águila posada sobre un cactus que sostenía una serpiente entre sus garras. Esta imagen se convirtió en un poderoso símbolo de su cultura y aún hoy está presente en la bandera mexicana.

La sociedad azteca estaba jerarquizada y organizada. El emperador, conocido como el "Tlatoani", gobernaba con autoridad casi divina. Los nobles, sacerdotes y guerreros formaban las clases altas, mientras que comerciantes, artesanos, agricultores y esclavos constituían la mayoría de la población. La estructura social era rígida, pero ofrecía oportunidades de ascenso, sobre todo a través de hazañas militares.

La religión desempeñaba un papel fundamental en la vida de los aztecas. Adoraban a un panteón de dioses, cada uno de los cuales representaba diferentes aspectos de la naturaleza y la vida humana. Estas creencias tan arraigadas influían en todos los aspectos de sus vidas, desde las decisiones políticas hasta las actividades cotidianas. Rituales, sacrificios y ceremonias religiosas eran habituales, con el fin de mantener el equilibrio entre el mundo terrenal y el divino.

Los aztecas destacaron en diversos campos como la agricultura, la astronomía, la medicina y la ingeniería. Su sistema de escritura, basado en glifos, y su complejo calendario atestiguan su avanzada comprensión del mundo y de los ciclos cósmicos. Su arte, rico en simbolismo, reflejaba su visión del mundo y su espiritualidad.

La llegada de los españoles a principios del siglo XVI marcó el principio del fin del Imperio azteca. A pesar de su resistencia, la superioridad tecnológica de los invasores, las enfermedades traídas de Europa y las alianzas con otros pueblos indígenas hostiles a los aztecas provocaron la caída de Tenochtitlan en 1521.

A pesar de su desaparición como potencia dominante, los aztecas dejaron un legado perdurable. Sus conocimientos, arte, arquitectura y, sobre todo, sus relatos mitológicos y leyendas siguen influyendo e inspirando. Este libro es un viaje en el tiempo, una exploración de los mitos, creencias y tradiciones de un pueblo cuya historia sigue fascinando al mundo.

Este libro pretende ofrecer una visión completa y accesible de la mitología azteca, explorando sus orígenes cosmológicos, deidades, leyendas heroicas y prácticas cotidianas. Cada parte del libro está diseñada para transportar al lector a los diferentes estratos de esta rica y compleja cultura, revelando las historias y creencias que dieron forma a la vida y cosmovisión aztecas.

Le invitamos a sumergirse en este universo donde lo sagrado y lo profano se mezclan, donde el coraje y la sabiduría de los dioses y héroes se codean con las prácticas y creencias del pueblo. Descubra las historias que han sobrevivido al paso del tiempo y siguen cautivando la imaginación de todos aquellos que buscan comprender esta civilización única.

¡Tu opinión cuenta!

*Cuando hayas terminado este libro,
comparte tu opinión en Amazon.*

*Sus comentarios serán útiles para futuros
lectores.*

*Estoy deseando ver cómo te ha impactado
este libro.*

*Gracias de antemano por su contribución
y ¡feliz lectura!*

PARTE I

LOS CIMIENTOS CELESTES - COSMOLOGÍA AZTECA

Cielo y Tierra: Los diferentes estratos del mundo Azteca

Nuestro viaje comienza en el corazón de la antigua visión azteca del mundo, donde el cielo y la tierra entrelazan sus destinos para crear un orden cósmico de inimaginable riqueza.

Imagínese en el centro de un universo de múltiples capas, como las capas de una gigantesca tarta celestial. Para los aztecas, el universo estaba estructurado en trece cielos y nueve infiernos, cada uno con su propio carácter y habitantes. Comencemos nuestro ascenso por estos cielos, que eran mucho más que espacios vacíos sobre nuestras cabezas.

El primer cielo, el más cercano a la Tierra, era el dominio de los pájaros y los vientos, un espacio rebosante y vibrante de vida. Si miramos hacia arriba, podemos imaginar las diferentes especies de pájaros de colores brillantes, girando y cantando, portando mensajes y señales. Este fue el primer contacto de los aztecas con lo divino, un cielo accesible, casi tangible.

Vayamos más arriba, a los cielos próximos, donde residían los dioses de las estrellas y los planetas. Estos cielos eran los hogares de las deidades celestiales, lugares de perfecto orden cósmico donde cada estrella y planeta tenía su lugar designado, su papel en la gran narrativa del universo. Estos espacios se consideraban lugares de inmenso poder, donde los movimientos de las estrellas dictaban el destino de los hombres y las naciones.

Luego estaba Tamoanchan, a menudo considerado el quinto cielo, un paraíso donde los árboles estaban cargados de frutos y las flores nunca dejaban de florecer. Era un Jardín del Edén, el lugar de nacimiento de los dioses y una fuente de vida eterna. Los aztecas creían que de este cielo procedían las almas de los bebés que estaban a punto de nacer.

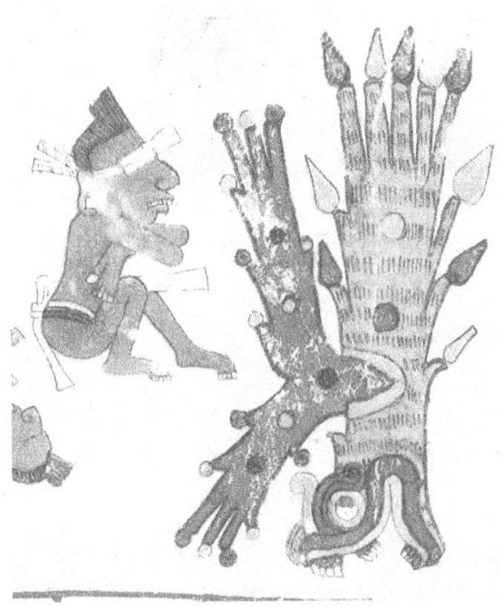

En la cima de esta escalera celeste se encontraba el decimotercer cielo, el más distante y el más sagrado. Aquí, en este estrato superior, reinaba Ometeotl, la dualidad divina, que abarcaba tanto lo masculino como lo femenino, el origen de toda creación y existencia. Era un lugar de pureza absoluta, inalcanzable para los mortales, reservado a los dioses más poderosos.

Bajemos ahora a la tierra, Mictlan, el otro lado de este universo. A diferencia de los cielos, Mictlan era un reino subterráneo, dividido en nueve niveles, cada uno más oscuro y misterioso que el anterior. Era el lugar de descanso final de los muertos, gobernado por Mictlantecuhtli y su compañero Mictecacihuatl. Contrariamente a las visiones occidentales del Infierno, Mictlan no era un lugar de tormento, sino un espacio de descanso eterno, donde las almas de los muertos emprendían un viaje de cuatro años para alcanzar finalmente la paz.

Los aztecas percibían su mundo como un equilibrio constante entre estos dos polos, el celeste y el subterráneo, el día y la noche, la vida y la muerte. Esta visión del mundo estaba intrínsecamente ligada a su vida cotidiana, sus rituales y su comprensión del universo. Cada elemento de la naturaleza, cada fenómeno, tenía su lugar y su explicación en esta compleja estructura.

Al explorar esta visión del mundo, empezamos a comprender cómo los aztecas percibían su lugar en el universo, no como observadores pasivos, sino como participantes activos en un diálogo constante con las fuerzas cósmicas. En este marco se desarrollan las asombrosas historias de dioses, héroes y monstruos que descubriremos juntos en los próximos capítulos. Este es un mundo en el que cada estrella, cada pájaro, cada soplo de viento tiene una historia que contar, una historia que descubriremos juntos.

LOS CINCO SOLES: LAS ERAS COSMICAS Y LA CREACION DEL MUNDO

Adentrémonos en uno de los mitos más fascinantes y fundamentales de la cosmología azteca: el de los Cinco Soles. Es una historia sobre la creación, la destrucción y el renacimiento, una epopeya cósmica que traza el destino de nuestro mundo a través de los tiempos.

Imaginemos el universo como un gran lienzo, constantemente repintado por los dioses, cada uno de cuyos actos de creación marca el comienzo de una nueva era, un nuevo sol. Cada sol, en la mitología azteca, simboliza una era distinta de la existencia, cada una con su propia creación, su apogeo e, inevitablemente, su cataclísmica caída.

El primer sol, Nahui-Ocelotl (Cuatro Jaguares), fue una era de gigantes, seres inmensos y poderosos que vagaban por la tierra. Pero, como en todas las tragedias, su fin ya estaba a la vista. Los dioses decidieron poner fin a esta era con feroces jaguares que devoraron a los gigantes, dejando el mundo sumido en la oscuridad y el caos.

Luego llegó Nahui-Ehecatl (Cuatro Vientos), el segundo sol. Fue una época de transformación, en la que la gente vivía en armonía, pero, una vez más, la tranquilidad duró poco. El dios del viento, Ehécatl, en forma de huracanes devastadores, arrasó esta creación, convirtiendo a los supervivientes en monos y anunciando el fin de esta segunda era.

El tercer sol, Nahui-Quiahuitl (Cuatro Lluvias), estuvo marcado por un diluvio incesante. Tlaloc, el dios de la lluvia, desató su furia, inundando el mundo. Los seres humanos, angustiados, buscaron refugio, pero fue en vano. La mayoría pereció, y los que sobrevivieron se transformaron en aves, destinadas a no volver a pisar tierra firme.

En la cuarta era, Nahui-Atl (Cuatro Aguas), el agua volvió a ser el catalizador del cambio. Este mundo, sumergido por una gran inundación, vio cómo sus habitantes se transformaban en peces. Fue un conmovedor recordatorio del implacable poder de la naturaleza y de la fragilidad de la existencia.

Finalmente, llegamos a nuestra era actual, Nahui-Ollin (Cuatro Movimientos), marcada por constantes terremotos. Esta es la era del Quinto Sol, en la que vivimos actualmente. Es una época de movimiento y cambio, pero también de potencial y esperanza. Los aztecas creían que esta era, como las anteriores, vería un día su apocalipsis. Predijeron que terremotos devastadores señalarían el fin de nuestro mundo, dando paso a una nueva creación, un nuevo ciclo.

En estas historias de creación y destrucción, encontramos una profunda filosofía, una aceptación del ciclo de la vida y la muerte, de la creación y la disolución. Cada época lleva en sí las semillas de su propia destrucción, pero también la promesa de un nuevo nacimiento. Es un ciclo eterno de renacimiento, que refleja la resistencia y adaptabilidad de la vida misma.

Para los aztecas, estos mitos no eran simples historias antiguas, sino verdades vivas, elementos vitales en su comprensión del mundo. Creían que sus acciones, rituales y sacrificios podían influir en el curso de estas eras cósmicas, asegurando la continuidad de la vida y retrasando el inevitable final de la era actual.

Al contemplar los Cinco Soles, se nos invita a reflexionar sobre nuestro propio lugar en este vasto universo. Es una perspectiva que nos recuerda nuestra pequeñez en el gran esquema de las cosas, pero también nuestro papel crucial en la preservación y perpetuación de la existencia. Al igual que los aztecas, estamos llamados a reconocer la naturaleza cíclica de toda existencia y a actuar con conciencia y respeto hacia las fuerzas que dan forma a nuestro mundo.

Al dejar atrás los cuentos de los Cinco Soles, les invito a continuar este viaje a través de las historias y los mitos que conforman el rico tapiz de la mitología azteca. Cada historia, cada personaje, cada símbolo que exploramos es una pieza de este fascinante rompecabezas, un vistazo al complejo y profundamente humano mundo de los aztecas.

LA NOCHE ESTRELLADA: LAS ESTRELLAS Y SU SIGNIFICADO MITOLÓGICO

Miramos al mismo cielo que los antiguos aztecas, pero esta noche lo vemos a través de sus ojos, impregnados de misterio y profundo significado.

Para los aztecas, la noche era un retablo viviente, animado por los movimientos de las estrellas. Cada estrella, cada planeta, cada configuración celeste tenía su propio carácter e historia. En este cielo nocturno, los aztecas veían la interacción de los dioses, historias de la creación e incluso presagios del futuro. En el centro de su cosmología estelar estaba la Vía Láctea, vista como el camino por el que los dioses viajaban entre el cielo y la tierra. Era un río de estrellas, un pasaje entre mundos, un lugar de gran poder espiritual y místico. Los aztecas creían que las almas de los guerreros que morían en batalla o de las mujeres que morían al dar a luz seguían este camino para unirse al sol en el cielo.

Las Pléyades, un pequeño cúmulo de estrellas conocido como "Tianquiztli" (el mercado), desempeñaban un papel crucial en su calendario. La salida heliacal de las Pléyades, su aparición en las primeras horas antes del amanecer, marcaba el inicio del año azteca. Era un momento de celebración, pero también de aprensión, ya que los aztecas lo veían como una señal de la estabilidad o la turbulencia que se avecinaba.

Venus, la estrella de la mañana y de la tarde, era otra figura celeste de gran importancia. Conocido como Tlahuizcalpantecuhtli, este planeta estaba asociado a Quetzalcóatl, la Serpiente Emplumada. Su ciclo se observaba y medía con precisión, ya que se consideraba un presagio para reyes y guerreros. La aparición y desaparición de Venus en el cielo tenía un significado profético, influyendo en las decisiones de los gobernantes y en las acciones de los ejércitos.

La luna, Coyolxauhqui, era una diosa con muchas caras. Representaba los ciclos del tiempo, la feminidad y la metamorfosis. Las fases de la luna guiaban los rituales agrícolas y religiosos. La luna llena era un momento de mayor poder, mientras que la luna nueva era un momento de reflexión y renovación.

Los eclipses, tanto solares como lunares, eran acontecimientos de gran importancia. Los aztecas los interpretaban como signos de ira o disgusto divinos. Durante los eclipses, se realizaban rituales y sacrificios para apaciguar a los dioses y evitar el desastre.

Pero el cielo nocturno no era sólo un reino de dioses y presagios. También era un campo de batalla cósmico. Los aztecas creían que cada noche, la luna y las estrellas debían luchar contra las fuerzas de la oscuridad para garantizar la salida del sol. Esta eterna batalla reflejaba la lucha perpetua entre el orden y el caos, la luz y la oscuridad, la vida y la muerte. Cada aspecto de esta noche estrellada tenía una profunda resonancia en la vida cotidiana de los aztecas. Las estrellas guiaban sus acciones, sus creencias e incluso sus destinos. Cuando miraban al cielo, veían un universo vivo, que respiraba, un libro abierto sobre los misterios de la creación y la existencia.

Al concluir nuestro viaje por la noche estrellada azteca, les invito a mirar al cielo con nuevos ojos, a ver más allá de los meros puntos de luz, a percibir las historias, esperanzas y temores de una civilización que, aunque extinta, sigue hablando a través de las estrellas. Nuestra exploración de la mitología azteca dista mucho de estar completa, pero cada historia, cada leyenda, cada constelación, nos acerca un poco más a la comprensión de este pueblo fascinante y de su universo, rico en símbolos y significados.

PARTE II

ORÍGENES DE LA TIERRA - EL NACIMIENTO DEL UNIVERSO

EL ALIENTO DE QUETZALCÓATL: LA GÉNESIS DEL MUNDO SEGÚN LOS AZTECAS

En la rica cultura de la mitología azteca, la historia de la creación del mundo ocupa un lugar especial. En el principio, no había nada más que vacío, una nada silenciosa e infinita. Fue en esta inmensidad donde tomó forma el primer acto de creación, un soplo: el soplo de Quetzalcóatl, la Serpiente Emplumada.

Quetzalcóatl, una de las deidades más veneradas del panteón azteca, era un dios de la creación, la fertilidad y el viento. Era el arquitecto del universo, el creador de la vida y el escultor de los destinos. Su primera tarea en el vacío cósmico fue dar forma a la materia, ordenar el caos. Y así, con su aliento, creó los cielos y la tierra.

En esta visión primitiva, la Tierra era plana y estaba suspendida en el espacio, rodeada de agua. Era un mundo aún dormido, esperando la vida y la luz. Quetzalcóatl, en su infinita sabiduría, sabía que la creación no podía estar completa sin el equilibrio de los elementos. Así que convocó a su hermano, Tezcatlipoca, el dios de la noche y el destino, para que le acompañara en esta empresa cósmica.

Juntos, Quetzalcóatl y Tezcatlipoca, dos fuerzas opuestas pero complementarias, se propusieron dar vida a este mundo. Descendieron a las aguas primordiales y, con su poder combinado, levantaron a Cipactli, un colosal monstruo acuático. Este gesto simbolizó el nacimiento de montañas y valles, la escultura de continentes y océanos. Cipactli, atrapado en sus garras divinas, fue desmembrado y sus partes se convirtieron en los elementos esenciales del mundo.

Quetzalcóatl no se detuvo ahí. Quería que la tierra respirara, que estuviera poblada por criaturas de todo tipo. Así que se puso a crear plantas, árboles y flores, dotando al mundo de colores y aromas. Luego vinieron los animales, en toda su diversidad y esplendor, poblando el aire, la tierra y el mar. Cada creación era una obra maestra, un testimonio de su amor y devoción por la vida.

Pero aún faltaba la mayor de todas las obras maestras: el hombre. Quetzalcóatl, en su afán por crear un ser a su imagen y semejanza, emprendió un viaje al Mictlán, el mundo de los muertos, para recoger los huesos de las generaciones pasadas. Fue un viaje peligroso, un reto incluso para un dios, pues Mictlantecuhtli, el señor de los muertos, no entregaba sus tesoros fácilmente. Tras muchas pruebas y ardides, Quetzalcóatl consiguió apoderarse de los huesos sagrados y devolverlos a la superficie. Los mezcló con su propia sangre, dando origen a los primeros humanos. Estos seres eran la cúspide de su creación, dotados de conciencia y libre albedrío, capaces de amor y sabiduría, pero también de destrucción.

Quetzalcóatl no sólo era un dios creador, sino también un símbolo de la dualidad esencial de la existencia. Representaba la luz y la oscuridad, la vida y la muerte, el bien y el mal, fuerzas inseparables que coexisten en un eterno ballet cósmico.

La génesis del mundo según los aztecas es un conmovedor recordatorio de nuestra propia fragilidad y dependencia de las fuerzas de la naturaleza. Es una historia sobre la unidad, el respeto y la responsabilidad para con nuestro mundo. Al contemplar la obra de Quetzalcóatl, se nos invita a reflexionar sobre nuestro papel en el universo, a reconocer que somos a la vez guardianes e hijos de esta creación divina.

EL DUELO DE LA CREACION: LA LEYENDA DE TEZCATLIPOCA Y QUETZALCOATL

En los anales de la mitología azteca, el duelo entre Tezcatlipoca y Quetzalcóatl es un relato de extraordinario poder y complejidad, que ilustra la perpetua dinámica entre el orden y el caos, la creación y la destrucción. Este mito, en el corazón de la cosmogonía azteca, es una ventana a la profunda comprensión de los aztecas de las fuerzas en equilibrio en el universo.

Tezcatlipoca, cuyo nombre significa "Espejo humeante", era una deidad polifacética: dios de la noche, la magia, el destino y la guerra. Era temido y respetado, venerado como un ser de gran poder e inteligencia, capaz de ver y manipular los hilos del destino.

Quetzalcóatl, la Serpiente Emplumada, simbolizaba la creación, la fertilidad, la cultura y la sabiduría. Se le consideraba un benefactor de la humanidad, que aportaba conocimiento y civilización a la humanidad. En la gran historia de la creación, estas dos divinidades, opuestas pero inextricablemente unidas, se enzarzaron en un duelo épico, un enfrentamiento que daría forma al mundo.

Cuenta el mito que Tezcatlipoca, por celos o por el deseo de demostrar su superioridad, desafió a Quetzalcóatl por el control de la tierra. El duelo comenzó con justas de magia y astucia, en las que cada dios utilizaba sus poderes para desestabilizar al otro. Tezcatlipoca, con su pata de jaguar que simbolizaba tanto su fuerza como su naturaleza astuta, trató de desestabilizar el orden establecido por Quetzalcoatl.

Quetzalcóatl, por su parte, utilizó su sabiduría y conocimientos para contrarrestar los ataques de Tezcatlipoca. Sin embargo, finalmente fue engañado por su hermano y rival, que utilizó un espejo para engañarle. En este espejo, Quetzalcóatl vio una versión envejecida y debilitada de sí mismo, reflejo de su mortalidad y fragilidad. Engañado y desorientado, Quetzalcóatl fue desterrado de su ciudad de Tula y obligado al exilio.

Sin embargo, el exilio de Quetzalcóatl no fue el final de la historia. El mito continúa relatando cómo, durante su ausencia, Tezcatlipoca gobernó con mano de hierro, provocando conflictos y sufrimiento a la humanidad. La tierra, privada de la bendición de Quetzalcóatl, se marchitó y la desolación se apoderó de ella.

Pero el exilio de Quetzalcóatl fue también un viaje de redención y descubrimiento. Recorrió el mundo, adquiriendo nuevos conocimientos y preparando su regreso triunfal. Según algunas versiones del mito, Quetzalcóatl regresó finalmente para ocupar su lugar, trayendo de nuevo el equilibrio y la prosperidad. En otras, prometía volver en una fecha futura, creando un fuerte mito mesiánico que influyó enormemente en la recepción del español por parte de ciertos pueblos indígenas, que lo veían como una profecía de su regreso.

Este cuento no es sólo una historia de rivalidad entre dos dioses, sino también una profunda metáfora de los ciclos de la vida, la lucha entre el orden y el desorden, el bien y el mal, la creación y la destrucción. Ilustra la creencia azteca en un universo en precario equilibrio, donde fuerzas opuestas deben coexistir para mantener la armonía del mundo.

El Duelo de la Creación es una historia que nos invita a reflexionar sobre nuestra propia existencia, sobre las dualidades que nos habitan y sobre nuestra capacidad para encontrar el equilibrio en un mundo en perpetuo cambio. Es una historia sobre la resiliencia, la sabiduría y la eterna búsqueda de la armonía.

MADRE TIERRA: COATLICUE, LA DIOSA DE LA VIDA Y LA MUERTE.

En el corazón palpitante de la mitología azteca se encuentra Coatlicue, la diosa de la vida y la muerte, una figura central y poderosa que encarna la dualidad de la creación y la destrucción. Su nombre, que significa "la que lleva falda de serpientes", evoca una imagen a la vez aterradora y fascinante, que revela su papel de guardiana del equilibrio entre la vida y la muerte.

Coatlicue estaba representada de una forma única, reflejo de su compleja naturaleza. Sus galas de serpientes entrelazadas simbolizaban la regeneración y el ciclo de la vida. Su falda de serpientes, su collar de manos y corazones humanos y su cabeza formada por dos serpientes enfrentadas sugerían una profunda conexión con la tierra y las fuerzas primordiales de la naturaleza.

El mito más famoso de Coatlicue cuenta cómo dio a luz a Huitzilopochtli, el dios del sol y de la guerra. Un día, mientras limpiaba un templo, le cayó del cielo una magnífica pluma. Al recogerla, se la puso en el cinturón, gesto que la dejó milagrosamente embarazada. Este embarazo sobrenatural despertó la ira y los celos de sus otros hijos, que temían que la nueva criatura les arrebatara su lugar en el orden cósmico.

Entre sus hijos se encontraban Coyolxauhqui, la diosa de la luna, y las estrellas del sur, que planeaban asesinar a su madre para impedir el nacimiento. Justo cuando Coatlicue estaba a punto de ser atacada, Huitzilopochtli emergió de repente, completamente armada, de su vientre. En un acto de venganza y protección, mató a sus hermanos y hermanas, esparciendo sus cuerpos por el cielo para crear las estrellas. Coyolxauhqui fue decapitada y su cabeza arrojada al cielo para convertirse en la luna.

Este dramático relato ilustra el poder de Coatlicue como fuente de vida y muerte. Encarna el inevitable proceso de destrucción necesario para la creación, una madre que da a luz tanto a la vida como a la muerte. Su figura es un recordatorio constante del ciclo de la vida, en el que el final es siempre el principio de algo nuevo.

Coatlicue es también un símbolo de la propia tierra, nutritiva y destructiva a la vez. Recuerda a los mortales su origen y su destino final, subrayando la interdependencia entre los humanos y la Madre Tierra. Los aztecas la veneraban y temían, reconociéndola como la máxima representación de la dualidad de la naturaleza.

Su figura es también un poderoso recordatorio de la fuerza femenina, un aspecto central de la mitología y la cultura aztecas. Como madre de todos, personifica la fertilidad y la capacidad creativa, al tiempo que carga con lo ineludible de la muerte.

La Madre Tierra, Coatlicue, sigue siendo una figura cautivadora y multidimensional de la mitología azteca. Su historia nos habla de nacimiento, muerte y renacimiento, evocando temas universales que aún resuenan hoy en día. En ella vemos la manifestación de la vida en toda su complejidad, un ciclo eterno que sigue fascinando e inspirando.

PARTE III

OLIMPO AZTECA - DIOSES Y DIOSAS

QUETZALCOATL: LA SERPIENTE EMPLUMADA, CREADORA DE LA HUMANIDAD

Quetzalcóatl, conocido como la Serpiente Emplumada, es una de las deidades más emblemáticas y veneradas de la mitología azteca. Por eso vamos a echarle otro vistazo, aunque ya lo hayamos presentado en capítulos anteriores.

Su nombre es una combinación de "quetzalli", que significa pluma preciosa, y "coatl", que significa serpiente, lo que ilustra su naturaleza dual y su capacidad para unir el cielo y la tierra, lo material y lo espiritual.

Esta deidad era considerada el creador de la humanidad, un benefactor cuyas acciones y enseñanzas dieron forma al mundo azteca. Según la mitología, Quetzalcóatl no sólo era un dios de la creación, sino también de la sabiduría, la cultura y la fertilidad. A menudo se le representaba como una serpiente emplumada, una criatura capaz de volar por los cielos o arrastrarse por la tierra, simbolizando su dominio de los reinos celestial y terrestre.

Uno de los mitos más famosos sobre Quetzalcóatl relata su creación de la humanidad. En esta historia, de la que ya hablamos en partes anteriores de este libro, después de que las primeras razas del hombre hubieran sido destruidas por desastres naturales, descendió al inframundo para recuperar los huesos de las generaciones anteriores. Tras enfrentarse a Mictlantecuhtli, el dios del mundo subterráneo, Quetzalcóatl logró apoderarse de los huesos sagrados y los roció con su propia sangre, dando así origen a los humanos de hoy.

A Quetzalcóatl también se le asoció con el descubrimiento y la difusión del maíz, alimento básico de la civilización azteca. Se decía que había traído este cereal a la humanidad, asegurando su supervivencia y prosperidad. Esta asociación con el maíz subraya la importancia de Quetzalcóatl en la vida cotidiana de los aztecas, ya que se le consideraba garante de su sustento.

Además de creador y benefactor, Quetzalcóatl fue considerado el inventor de la metalurgia, la escritura y el calendario. Estas contribuciones subrayan su importancia en el desarrollo de la civilización y el conocimiento aztecas. Era venerado como patrón de sacerdotes, escribas y artesanos, encarnando la sabiduría y la inteligencia.

En el arte y la iconografía aztecas, Quetzalcóatl se representa a menudo con atributos de serpiente, pero también con plumas de colores, símbolo de su naturaleza divina y su vínculo con el cielo. A veces también se le representa con conchas, lo que sugiere su asociación con el agua y la fertilidad.

El culto a Quetzalcóatl estaba muy extendido y arraigado en la sociedad azteca. Había varios templos dedicados a su culto, el más famoso de los cuales era el Templo Mayor de Tenochtitlan, donde se organizaban regularmente rituales y ceremonias en su honor. Estas ceremonias solían incluir ofrendas y sacrificios para ganarse su favor y asegurar la prosperidad y estabilidad de la comunidad.

Quetzalcóatl fue una figura central de la mitología y la religión aztecas, un dios complejo y versátil cuyos múltiples aspectos reflejan la importancia de los conceptos de creación, sabiduría y fertilidad en la cultura azteca. Su presencia e influencia se dejaban sentir en casi todos los aspectos de la vida cotidiana, lo que le convirtió en una de las deidades más importantes y veneradas de esta civilización.

HUITZILOPOCHTLI: DIOS DEL SOL Y DE LA GUERRA

Huitzilopochtli, en la mitología azteca, destaca como Dios del Sol y Dios de la Guerra. Su nombre, que puede traducirse como "Colibrí del Sur" o "Colibrí Izquierdo", hace referencia al colibrí, ave venerada por su vigor y agilidad, y también a su dirección sagrada, el sur. Esta imponente deidad desempeñó un papel crucial en la cultura y la religión aztecas, ya que simbolizaba tanto el poder destructivo de la guerra como la fuerza vigorizante del sol.

A menudo se representa a Huitzilopochtli como un guerrero que viste una armadura ricamente decorada, lleva un casco con forma de cabeza de colibrí y sostiene un escudo, así como una lanza-atlatl, un arma arrojadiza tradicional. Estas representaciones subrayan su aspecto marcial y su preeminencia como deidad guerrera. Su nacimiento, según la mitología, es una fascinante historia de conflicto y victoria.

Según el mito, Huitzilopochtli nació de la diosa Coatlicue. Su nacimiento fue un acontecimiento extraordinario: armado desde la cuna, salió del vientre de su madre para defenderla de sus hermanos, las estrellas del sur lideradas por su hermana, Coyolxauhqui. En esta batalla cósmica, Huitzilopochtli triunfó, simbolizando la salida del sol sobre la oscuridad de la noche. Este mito ilustra su papel como protector de su madre y, por extensión, de la comunidad azteca.

Como dios del Sol, Huitzilopochtli estaba asociado al ciclo solar y a la noción de sacrificio. Los aztecas creían que el Sol debía alimentarse de sangre humana para salir cada día. Este concepto de sacrificio estaba en el centro de los rituales aztecas, en los que a menudo se sacrificaba a guerreros capturados en honor de Huitzilopochtli para garantizar la continuidad del ciclo solar y, en consecuencia, la supervivencia del universo.

Huitzilopochtli era también el dios tutelar de la ciudad de Tenochtitlan, el corazón del imperio azteca. Su templo principal, el Templo Mayor de la gran Tenochtitlan (actual Ciudad de México), fue uno de los centros religiosos más importantes e imponentes de la época precolombina. En el templo se celebraban numerosos rituales y ceremonias en su honor, reflejo de su importancia en la vida política y espiritual de los aztecas.

La veneración de Huitzilopochtli estaba estrechamente vinculada a la identidad militar e imperialista de los aztecas. Encarnaba el ideal del guerrero azteca y a menudo se le invocaba antes de las batallas para obtener fuerza y victoria. Los éxitos militares se consideraban signos de su favor, y las derrotas, indicios de su disgusto.

Huitzilopochtli, el dios del Sol y de la Guerra, ocupó un lugar central en la mitología y la cultura aztecas. Su dualidad como fuente de vida (sol) y destrucción (guerra) refleja la complejidad de las creencias y prácticas religiosas aztecas. Su culto, impregnado de simbolismo y rituales, fue un pilar fundamental de la sociedad azteca e influyó profundamente en su vida cotidiana, sus conquistas militares y su cosmología.

TLALOC: MAESTRO DE LA LLUVIA Y LOS ELEMENTOS

Tlaloc, venerado en el antiguo imperio azteca, era el poderoso dios de la lluvia, los elementos y la fertilidad. Su preeminencia entre las deidades aztecas refleja la importancia vital del agua para una civilización que dependía en gran medida de la agricultura para su supervivencia y prosperidad.

Físicamente, Tláloc era representado a menudo con atributos distintivos. Sus representaciones lo muestran con ojos anillados y colmillos, recordando las características de animales como el jaguar y el águila. A menudo llevaba un yelmo con forma de nube o de lluvia, lo que enfatizaba su conexión con el cielo y el agua. Estos elementos iconográficos servían para infundir tanto temor como respeto hacia esta divinidad poderosa e impredecible.

Los aztecas creían que Tláloc residía en Tlalocan, un exuberante paraíso situado al este, adonde iban tras su muerte quienes morían por causas relacionadas con el agua, como rayos, inundaciones o enfermedades transmitidas por el agua. Este paraíso se imaginaba como un lugar de eterno verdor, abundancia y paz, en marcado contraste con la vida terrenal, a menudo dura y árida.

El culto a Tlaloc era fundamental en la sociedad azteca. Los aztecas le rendían homenaje a través de diversos rituales y ceremonias, a menudo relacionados con prácticas agrícolas. Imploraban su bendición para que lloviera y les protegiera de sequías e inundaciones. Estos rituales podían incluir ofrendas de copal, plantas e incluso sacrificios humanos, sobre todo de niños, ya que se creía que las lágrimas de las jóvenes víctimas animarían a Tlaloc a enviar lluvia.

Tlaloc también estaba asociado con un grupo de deidades menores llamadas Tlaloques, que se consideraban sus ayudantes o manifestaciones. Se creía que estas deidades menores habitaban en las cumbres de las montañas y controlaban las lluvias que caían desde estas alturas. Cada tlaloque estaba asociado a una dirección específica y tenía una responsabilidad concreta en la distribución de la lluvia.

El templo principal de Tláloc se alzaba sobre el Templo Mayor de Tenochtitlan, compartido con Huitzilopochtli, el dios de la guerra. Esta ubicación refleja la igual importancia del agua y de la guerra para la supervivencia y el éxito del imperio azteca. Los sacrificios y ofrendas realizados a Tláloc en este templo eran cruciales para garantizar la continuidad de los ciclos estacionales y la fertilidad de las tierras agrícolas.

Tlaloc también desempeñaba un papel importante en el calendario azteca. Se le honraba durante varios meses del año, sobre todo en la estación de las lluvias, con festivales y ceremonias especiales. Estas celebraciones eran esenciales para mantener el ciclo agrícola y asegurar la armonía con las fuerzas naturales.

Tlaloc era una figura central en la religión y la vida cotidiana aztecas. Su poder e influencia se reconocían en muchos aspectos de la sociedad azteca, desde los rituales agrícolas hasta las creencias sobre el más allá. Su veneración subraya la profunda dependencia de los aztecas de las fuerzas naturales y su reconocimiento del poder de los elementos en su mundo.

XOCHIQUETZAL: DIOSA DE LA FERTILIDAD, LA BELLEZA Y EL AMOR FEMENINO

Xochiquetzal, cuyo nombre significa "Flor Preciosa", es una de las figuras más encantadoras y coloridas del panteón azteca. Venerada como diosa de la fertilidad, la belleza y el amor femenino, simboliza los aspectos más alegres y vigorizantes de la vida. A menudo representada como joven y agraciada, Xochiquetzal es la patrona de los artistas, los enamorados, las madres jóvenes y el crecimiento.

En el arte azteca, Xochiquetzal aparece frecuentemente representada como una bella joven ataviada con ricos ropajes y joyas, a menudo rodeada de flores y mariposas. Estos elementos subrayan su asociación con la juventud, la belleza natural y el renacimiento. A menudo se la representa con coronas de flores y, en ocasiones, en compañía de un pájaro, lo que refuerza sus vínculos con la naturaleza y el mundo animal.

Xochiquetzal no es sólo una diosa de la belleza superficial; también encarna la fertilidad y la capacidad creativa. En las creencias aztecas, desempeña un papel crucial protegiendo a las madres y guiando a las mujeres en las distintas etapas de su vida, desde la pubertad hasta la maternidad. También es la diosa que protege a los artesanos, especialmente a los que trabajan con materiales delicados y bellos, como plumas y flores.

Además de sus funciones relacionadas con la fertilidad y la belleza, Xochiquetzal también es considerada una diosa del amor sensual y los asuntos conyugales. Se la asocia a menudo con las relaciones amorosas, los matrimonios y las uniones. Esto la convierte en una figura popular en las ceremonias nupciales, donde se la invoca para bendecir las uniones con fertilidad y armonía.

Un aspecto interesante de su culto es su dualidad con otras deidades, como Tlaloc, el dios de la lluvia, con quien compartía templo en Tenochtitlan. Esta asociación refleja la creencia en el equilibrio entre las fuerzas masculinas y femeninas en la naturaleza y la sociedad.

Xochiquetzal no sólo era adorada por sus aspectos positivos. También desempeñaba un papel en la preservación de los equilibrios sociales y naturales. Los aztecas creían que podía provocar pasiones excesivas y conflictos, recordándonos que el amor y la belleza podían tener consecuencias imprevistas.

Las ceremonias en honor de Xochiquetzal solían ser alegres, con bailes, cantos y ofrendas florales. Estas celebraciones ponían de relieve su carácter vivaz e inspirador, que atraía la buena fortuna y fomentaba la creatividad y el crecimiento.

En la mitología azteca, Xochiquetzal encarna los aspectos más vibrantes y vitales de la vida. Es la guardiana de la belleza, la fertilidad y el amor, e influye profundamente en los aspectos culturales y sociales de la vida azteca.

TEZCATLIPOCA: EL DIOS DE LA NOCHE Y EL DESTINO

Tezcatlipoca, cuyo nombre se traduce literalmente como "Espejo humeante", es una de las figuras más complejas e intrigantes de la mitología azteca. Adorado como dios de la noche, el destino y la hechicería, representa el cambio, el conflicto y la inevitable imprevisibilidad de la vida.

En el panteón azteca, Tezcatlipoca suele describirse como rival y hermano de Quetzalcóatl. Esta rivalidad simboliza el contraste y el equilibrio entre la luz y la oscuridad, el orden y el caos. Tezcatlipoca, con sus atributos de noche y magia, representa las fuerzas más oscuras y misteriosas del universo, que rigen aspectos como la noche, las tormentas, las tentaciones y los conflictos.

Un aspecto fascinante de Tezcatlipoca es su capacidad para cambiar de forma. A menudo se le describe como un cambiaformas, capaz de transformar su apariencia a voluntad. Esta habilidad subraya su naturaleza impredecible y engañosa, que refleja la naturaleza cambiante del destino humano.

Tezcatlipoca era especialmente venerado en Tenochtitlan, donde tenía un templo dedicado a su culto. Las ceremonias en su honor solían incluir sacrificios humanos, lo que reflejaba la creencia de que tales ofrendas eran necesarias para apaciguar al dios y mantener el equilibrio del mundo. Se suponía que estos sacrificios alimentaban a Tezcatlipoca y garantizaban la continuación de los ciclos de la naturaleza y el destino.

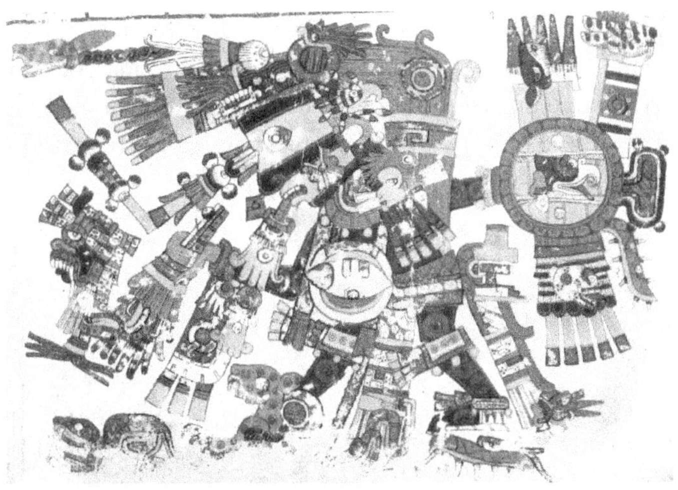

El culto a Tezcatlipoca también estaba asociado a los jóvenes guerreros, en particular a los guerreros de élite jaguar y águila. Estos guerreros, considerados sus discípulos, eran figuras centrales en las ceremonias y sacrificios militares. Tezcatlipoca era visto como guía y protector de estos guerreros, otorgándoles fuerza y destreza en la batalla.

Además de su papel como deidad de la guerra y el destino, Tezcatlipoca también estaba asociado con la realeza y el poder. Se le consideraba protector de los reyes y las élites, e influía en las decisiones políticas y la sucesión real. Su influencia en la esfera política reflejaba la creencia en su capacidad para ver e influir en el destino del imperio.

En términos de representación artística, Tezcatlipoca solía ser representado de negro, simbolizando su asociación con la noche. Se le solía representar con un espejo humeante atado a su casco, reflejando su nombre y su capacidad para ver acontecimientos ocultos y verdades secretas. A veces le faltaba una pierna, sustituida por una serpiente o una columna de humo, recordando un mito en el que perdió la pierna en una batalla con el monstruo celestial Cipactli.

CENTEOTL: DIOS DEL MAÍZ

Centeotl, el Dios del Maíz, encarna una faceta vital de la existencia y la cultura aztecas. En una civilización en la que el maíz era algo más que un cultivo, sino la base de la vida cotidiana, Centeotl ocupaba un lugar central en el panteón azteca. Su figura, profundamente enraizada en los ciclos de la naturaleza y la agricultura, simbolizaba la fertilidad, la abundancia y el crecimiento.

Para los aztecas, el maíz era mucho más que un recurso alimenticio: era un símbolo de vida y prosperidad. Era tan fundamental para su sociedad que su mitología lo situaba en el centro de la creación de la humanidad. Según una leyenda, tras la destrucción de los primeros hombres, se crearon otros nuevos con masa de maíz. Centeotl, como deidad de esta cultura esencial, estaba por tanto intrínsecamente ligado al origen y la supervivencia de la especie humana.

A menudo se representaba a Centeotl como un hombre joven, vigoroso y enérgico, símbolo de la juventud y la vitalidad asociadas al crecimiento del maíz. Las representaciones artísticas a menudo lo mostraban adornado con atributos del maíz: mazorcas, hojas, a veces incluso un cuerpo que parecía estar hecho de mazorcas de maíz. Estos rasgos lo vinculaban visualmente a la planta que personificaba y subrayaban su importancia en el ciclo del crecimiento y la cosecha.

Las ceremonias y rituales en honor de Centeotl eran cruciales en el calendario azteca, sobre todo en las épocas de siembra y cosecha. Los campesinos le rendían homenaje e imploraban su bendición para obtener abundantes cosechas. Se organizaban festividades especiales, a menudo con danzas, cantos y ofrendas de alimentos y flores. Estas ceremonias reflejaban el reconocimiento de la interdependencia entre el hombre y los ciclos naturales.

Centeotl también compartía una estrecha conexión con otras deidades vinculadas a la agricultura y la fertilidad, como Tláloc, el dios de la lluvia, y Xochiquetzal, la diosa de la fertilidad. Estos vínculos ilustran la compleja red de relaciones entre las deidades aztecas, cada una de las cuales desempeña un papel en el mantenimiento del equilibrio natural y la prosperidad.

La divinidad también estaba asociada a ciertas creencias y prácticas agrícolas. Por ejemplo, era práctica común dedicar las primeras cosechas a Centeotl, gesto que simbolizaba la ofrenda de los frutos de la tierra a quien había velado por su crecimiento. Esta práctica subrayaba el respeto y la gratitud de los aztecas hacia las fuerzas naturales que regían su existencia.

Además de su papel como garante de cosechas abundantes, Centeotl era también un símbolo de resistencia y regeneración. El ciclo de plantar, cultivar, cosechar y volver a plantar maíz era paralelo a la visión azteca del ciclo de la vida, la muerte y el renacimiento. De este modo, Centeotl no sólo encarnaba el sustento físico, sino también un profundo aspecto espiritual, que recordaba a los aztecas los ciclos perpetuos de la naturaleza y la vida.

En la sociedad azteca, Centeotl era mucho más que una simple deidad agrícola. Representaba la vida misma, entretejida en el tejido de sus vidas cotidianas, sus creencias, sus esperanzas y sus prácticas. Su culto era un recordatorio constante de la generosidad de la tierra y de la importancia de vivir en armonía con los ciclos naturales.

MICTLANTECUHTLI: EL SEÑOR DE MICTLAN, EL MUNDO DE LOS MUERTOS

Mictlantecuhtli, el Señor de Mictlán, ocupa un lugar único e importante en la mitología azteca. Como dios del inframundo y de los muertos, reina sobre Mictlán, el lugar de descanso final para la mayoría de las almas después de la muerte. Su figura es esencial para comprender las creencias aztecas sobre la muerte, el más allá y el ciclo eterno de la vida y la muerte.

Según la mitología azteca, el Mictlán no es ni el cielo ni el infierno, sino un reino neutral donde residen las almas tras su paso por la Tierra. Mictlantecuhtli, con su esposa Mictecacihuatl, acoge allí a las almas, ofreciéndoles descanso y consuelo. El viaje al Mictlan no era fácil; se decía que las almas tenían que atravesar nueve niveles, cada uno con sus propios retos y pruebas, antes de llegar a su destino final.

A menudo se representa a Mictlantecuhtli de forma macabra e impresionante. Se le suele describir como un esqueleto o un hombre de piel marchita, adornado con símbolos de la muerte. Entre sus atributos suelen figurar una corona, un collar de cabezas humanas y ornamentos de hueso. Este aspecto aterrador está en consonancia con su papel de guardián de los muertos.

Este dios también se asociaba con la noche, con murciélagos, arañas y búhos, criaturas a menudo asociadas con la muerte y la oscuridad en muchas culturas. Estas asociaciones refuerzan su imagen de figura poderosa y algo ominosa, que vigila los aspectos más oscuros y misteriosos de la existencia humana.

Los aztecas creían que los sacrificios y ofrendas a Mictlantecuhtli eran esenciales para garantizar un paso seguro y pacífico a la otra vida. Estas prácticas formaban parte integral de sus rituales funerarios y ceremonias en honor a los muertos. Las ofrendas podían incluir objetos personales, alimentos e incluso sacrificios humanos o animales, dependiendo de las circunstancias.

Mictlantecuhtli también se consideraba un símbolo de transformación y renovación. Aunque su esfera de influencia se asociaba principalmente con la muerte, también se le reconocía su papel en el ciclo de la vida. Para los aztecas, la muerte no era un final absoluto, sino una transición a otra forma de existencia.

El culto a Mictlantecuhtli estaba muy extendido en el imperio azteca, con numerosos templos y altares dedicados a su adoración. Los sacerdotes encargados de su culto solían vestir ropas que simbolizaban la muerte y llevaban a cabo rituales destinados a honrar a los muertos y apaciguar al dios.

A pesar de su aspecto aterrador, Mictlantecuhtli no era percibido como un dios malévolo. Al contrario, los aztecas lo veían como un guardián necesario, un aspecto inevitable de la vida y un justo señor del más allá. Su presencia recordaba a los vivos la fugacidad de la existencia y la importancia de llevar una vida honorable para asegurarse un lugar en el Mictlán.

Mictlantecuhtli, con su papel único en la mitología azteca, sigue inspirando y fascinando. Su imagen subraya la profunda comprensión de los aztecas de la muerte no como un fin, sino como una continuación esencial del ciclo de la vida.

CHICOMECOATL: DIOSA DE LAS PROVISIONES, LA ABUNDANCIA Y LA AGRICULTURA

Chicomecoatl, cuyo nombre significa "Siete Serpientes", es una diosa central de la mitología azteca, que encarna la abundancia, las provisiones y la agricultura. Venerada como la diosa del maíz y la cosecha, Chicomecoatl desempeñaba un papel esencial en la vida cotidiana de los aztecas, una civilización para la que la agricultura no era sólo una actividad económica, sino también un elemento fundamental del orden cósmico y social.

Según la creencia azteca, Chicomecoatl era responsable del crecimiento y la fertilidad de los cultivos, en particular del maíz, alimento básico de la sociedad azteca. A menudo se la representaba sosteniendo mazorcas de maíz en sus manos, simbolizando su función nutricia y su íntima conexión con este cultivo vital. A veces también se la representaba con una imagen doble, reflejando la abundancia y la dualidad de la naturaleza: crecimiento y cosecha, vida y muerte.

Los aztecas celebraban a Chicomecoatl en una serie de festivales y ceremonias a lo largo del año, sobre todo durante las épocas de siembra y cosecha. El festival de

Xilonen, que marcaba la temporada del maíz tierno, era una de las principales celebraciones en su honor. Durante esta fiesta, se elegía a una joven para representar a la diosa y se la adornaba con símbolos que representaban el maíz y la fertilidad. Esta representación humana de Chicomecoatl formaba parte integrante de los rituales agrícolas, simbolizando el vínculo sagrado entre lo humano y lo divino.

Chicomecoatl también se asociaba con la creación y la regeneración. En algunos mitos, se la describe como esposa o compañera de Tlaloc, el dios de la lluvia, lo que subraya la importancia de su unión para una cosecha próspera. Juntos formaban una pareja divina esencial para la supervivencia y prosperidad de la sociedad azteca.

La diosa también era símbolo de juventud y vitalidad. En el arte azteca, a menudo se la representaba como una hermosa mujer joven, con un rostro que irradiaba salud y fertilidad. Esta representación subrayaba su conexión con los ciclos de crecimiento y renovación, esenciales para la continuidad de la vida.

Chicomecoatl también era venerada por su papel en el mantenimiento del equilibrio ecológico y cósmico. Se la consideraba guardiana de las provisiones, pues garantizaba que hubiera suficientes cosechas para alimentar a la población durante todo el año. Su culto reflejaba la gratitud de los aztecas por los dones de la tierra y su dependencia de los ciclos naturales.

Los rituales dedicados a Chicomecoatl solían incluir ofrendas de alimentos, flores e incienso. Estas ofrendas pretendían agradecer a la diosa sus bendiciones y asegurar la continuidad de su favor para futuras cosechas. Estas prácticas rituales reforzaban el vínculo entre los aztecas y las fuerzas naturales, y demostraban su gratitud a las deidades que gobernaban su mundo.

En la mitología azteca, Chicomecoatl representa la esencia de la vida y el sustento. Su figura trasciende el simple papel de diosa de la agricultura para encarnar los principios de fertilidad, regeneración y armonía con la naturaleza. Es un poderoso símbolo de la relación entre el hombre y la tierra, entre lo sagrado y lo cotidiano.

PATECATL: DIOS DE LA CURACIÓN Y LA FERTILIDAD

Patecatl, en la mitología azteca, es una deidad cuyo papel es esencial en los campos de la curación y la fertilidad. Venerado como dios de las plantas medicinales, los herbolarios y los curanderos, Patecatl era visto como un protector poderoso y benévolo, que ofrecía ayuda y sabiduría a quienes buscaban curación física y espiritual.

Su culto estaba estrechamente vinculado a la medicina tradicional azteca, campo en el que los curanderos, a menudo llamados ticitl, invocaban sus poderes para curar enfermedades y lesiones. Se invocaba a Patecatl en la preparación de remedios y en el proceso de curación, desempeñando un papel vital en el mantenimiento de la salud y el bienestar de la comunidad.

La importancia de Patecatl iba más allá de la simple curación física. Como deidad de la fertilidad, también participaba en rituales destinados a garantizar la fertilidad de la tierra y la prosperidad de la cosecha. Esta doble función refleja la concepción azteca de la salud y la fertilidad como aspectos interconectados de la vida, ambos esenciales para la supervivencia y la prosperidad de la sociedad.

Patecatl era representado a menudo en relación con el mundo de las plantas y la naturaleza. Los artefactos y pinturas a veces lo representan sosteniendo hierbas o raíces, simbolizando su dominio de los remedios naturales. En algunas representaciones aparece acompañado de símbolos asociados a la fertilidad, como espigas de maíz o flores, que ilustran su papel en la promoción del crecimiento y la abundancia.

Los rituales en honor de Patecatl solían incluir ofrendas de plantas medicinales, alimentos e incienso. Estas ofrendas pretendían ganarse su favor e invocar su ayuda para curar a los enfermos. Además, los ticitl o curanderos, como servidores de Patecatl, desempeñaban un papel crucial en la transmisión de sus enseñanzas y prácticas medicinales.

Patecatl también estaba vinculado a la creación del pulque, una bebida fermentada a base de maguey. Este vínculo con el pulque simbolizaba no sólo la curación y la fertilidad, sino también la celebración y la comunidad. El pulque se consumía durante festivales y rituales, y desempeñaba un papel importante en la vida social y religiosa azteca.

En el panteón azteca, Patecatl se asociaba a menudo con otras deidades relacionadas con la salud y la fertilidad, como Xipe Totec, el dios de la regeneración, y Tlazolteotl, la diosa de la purificación. Estas asociaciones reflejaban la naturaleza interdependiente de las distintas deidades y el modo en que trabajaban juntas para mantener el equilibrio del mundo.

Patecatl era una figura central de la mitología y la práctica médica aztecas. Su presencia era un recordatorio constante de la importancia de la salud, la curación y la fertilidad, no sólo para el individuo, sino para la comunidad en su conjunto. Simbolizaba el antiguo conocimiento de las plantas y los remedios naturales, una herencia que sigue inspirando e influyendo en las prácticas medicinales modernas.

TONATIUH: EL ACTUAL DIOS DEL SOL Y DIOS DEL SACRIFICIO

Tonatiuh, en la mitología azteca, es una figura de poder y vitalidad, venerado como Dios real del Sol y del sacrificio. Su nombre, que significa "El que sale brillando", encarna el resplandor y la fuerza del Sol, fuente de vida y energía para el mundo. Tonatiuh no es sólo una deidad celestial; es el corazón palpitante del universo azteca, símbolo de la renovación diaria y el sacrificio eterno.

En el corazón de la cosmología azteca está la creencia en los Cinco Soles, eras cósmicas sucesivas, cada una de las cuales termina en catástrofe. Tonatiuh gobierna el Quinto Sol, la era actual, considerada la era del movimiento. Su papel es crucial: debe recorrer el cielo cada día, de este a oeste, garantizando la continuidad de la vida y el tiempo.

Los aztecas consideraban a Tonatiuh un valiente guerrero que luchaba cada noche contra las fuerzas de la oscuridad para renacer al amanecer. Esta batalla diaria no era sólo una lucha física, sino también espiritual, que simbolizaba el triunfo de la luz sobre la oscuridad, de la vida sobre la muerte. Cada amanecer era un recordatorio de la victoria de Tonatiuh y de la necesidad del sacrificio para mantener el equilibrio del mundo.

El culto a Tonatiuh estaba estrechamente vinculado a la idea del sacrificio. Los aztecas creían que el sol necesitaba sangre humana para mantener su fuerza y vigor. Esta creencia se traducía en rituales de sacrificios humanos, a menudo realizados en pirámides o templos construidos en su honor. Estos sacrificios se consideraban un deber sagrado, necesario para garantizar la continuidad de la vida y la estabilidad del universo.

Tonatiuh también estaba asociado al calendario azteca, en particular al "Tonalamatl", un almanaque adivinatorio. Cada día estaba influido por la posición de Tonatiuh en el cielo, y sus movimientos dictaban las actividades diarias, las ceremonias religiosas y las decisiones importantes. Su influencia era tan profunda que los momentos de su cruce celeste -amanecer, mediodía y atardecer- eran momentos de gran significado espiritual y temporal.

En el arte azteca, Tonatiuh era representado a menudo con un rostro radiante y aterrador, que simbolizaba tanto la luz nutritiva como la naturaleza despiadada del sol. A veces se le representaba sosteniendo corazones humanos, en recuerdo de los sacrificios que se hacían en su nombre. Su rostro solía estar enmarcado por rayos llameantes, evocando los rayos del sol.

El templo principal de Tonatiuh, de nuevo el Templo Mayor de Tenochtitlan, era el escenario de grandiosas ceremonias en su honor. Estas ceremonias incluían danzas, cantos, ofrendas y sacrificios, todos ellos destinados a celebrar su gloria y asegurar su continuo apoyo a la vida en la tierra.

Tonatiuh no era simplemente un dios distante e impersonal. Para los aztecas era una presencia cotidiana, un guía y un protector. Su ciclo diario de muerte y renacimiento era un recordatorio constante de la fugacidad de la vida y de la importancia de vivir con valor y honor.

Tonatiuh, como dios real del Sol y del sacrificio, es una figura emblemática de la mitología azteca. Simboliza la fuerza vital del Sol, el poder de la luz sobre la oscuridad y la importancia del sacrificio para mantener el equilibrio cósmico. Su culto refleja el profundo aprecio de los aztecas por la naturaleza y su comprensión del lugar que ocupan en el universo.

IXTLILTON: EL DIOS DE LA MEDICINA

Ixtlilton, a menudo conocido en la mitología azteca como el Dios de la Medicina, es una deidad fascinante y polifacética. Su papel no se limita a la curación física, sino que también abarca aspectos de la salud mental y espiritual, lo que refleja una comprensión holística de la medicina en la cultura azteca.

El nombre Ixtlilton puede traducirse como "Pequeño Negro", un título que podría hacer referencia al color asociado con la tierra, la curación y la regeneración. A menudo se le representa como un niño o un hombre pequeño, símbolo de pureza, inocencia y capacidad de renovación, cualidades esenciales para un sanador. Esta imagen infantil de Ixtlilton subraya la idea de que la curación y la salud son perpetuamente renovables y accesibles a todos.

En la mitología azteca, Ixtlilton era venerado no sólo como sanador de dolencias físicas, sino también como protector contra males espirituales. Se le consideraba un intermediario entre los humanos y las fuerzas sobrenaturales, capaz de comunicarse con espíritus y deidades para traer la curación y el bienestar. Este doble papel refleja la creencia azteca de que la salud y la enfermedad están influidas tanto por factores físicos como espirituales.

Los rituales y ceremonias en honor de Ixtlilton eran momentos clave del calendario azteca, a menudo acompañados de festividades y ritos curativos. Durante estos eventos, los curanderos, o ticitl, desempeñaban un papel importante, utilizando hierbas medicinales, conjuros y ofrendas para invocar la ayuda del dios. Estos rituales eran tanto celebraciones de la vida y la salud como momentos para devolver el equilibrio y la armonía a la comunidad.

Ixtlilton también se asociaba con la alegría y la jovialidad, consideradas esenciales para el proceso de curación. A menudo se le invocaba en fiestas y celebraciones, recordando que la risa y el buen humor son componentes importantes de la salud y el bienestar. Esta asociación con la alegría es indicativa de la comprensión azteca de los vínculos entre el estado de ánimo, las emociones y la salud física.

En el arte azteca, Ixtlilton aparece representado a menudo sosteniendo objetos asociados con la curación, como hierbas o recipientes para remedios. Estas imágenes ilustran su vínculo con el mundo natural y la medicina tradicional. Además, a veces se le representa en escenas festivas o de danza, para enfatizar su papel en la promoción de la alegría y el bienestar emocional.

La importancia de Ixtlilton en la mitología azteca va más allá de su papel como deidad médica. Simboliza la interconexión entre cuerpo, mente y entorno, una perspectiva holística que reconoce la medicina como un arte que integra todos los aspectos de la existencia humana. Ixtlilton encarna la idea de que la salud es un estado de equilibrio y armonía, alcanzable no sólo mediante remedios físicos, sino también a través de prácticas espirituales y emocionales.

Como Dios de la Medicina, Ixtlilton representa una faceta esencial de la cultura y las creencias aztecas. Simboliza la curación en todas sus formas, recordándonos la importancia de cuidar de nosotros mismos en un sentido holístico e integrado. Su culto refleja el profundo aprecio de los aztecas por la salud y el bienestar, y su reconocimiento de la necesidad de equilibrar los elementos físicos, espirituales y emocionales para lograr una vida plena y armoniosa.

CHALCHIUHTLICUE: DIOSA DEL AGUA, LOS RÍOS Y LOS LAGOS

Chalchiuhtlicue, cuyo nombre significa "Falda de Jade", es una figura central y cautivadora de la mitología azteca. Como diosa del agua, los ríos, los lagos y todo lo acuático, encarna la esencia misma de la vida, la fertilidad y la belleza. Su presencia en el panteón azteca atestigua la importancia vital del agua en la vida cotidiana y espiritual de los aztecas, un pueblo que veía los ríos y las masas de agua como fuentes sagradas de vida y renovación.

Chalchiuhtlicue era venerada como guardiana de las aguas, velando por los ríos, lagos y mares, así como por quienes dependían de ellos para su subsistencia. También era la protectora de los nacimientos y el crecimiento, simbolizando la pureza y la renovación, aspectos esenciales para la continuidad de la vida. Como diosa del agua, estaba intrínsecamente vinculada a la agricultura, esencial para una civilización que dependía en gran medida del riego y de los ciclos del agua para cultivar maíz y otros productos.

En el arte azteca, Chalchiuhtlicue suele representarse como una mujer hermosa, ataviada con túnicas que evocan el agua y la fluidez. A veces se la representa con atributos acuáticos, como conchas, lo que refuerza su vínculo con el agua. Sus representaciones destacan su naturaleza nutricia y su conexión con el mundo natural.

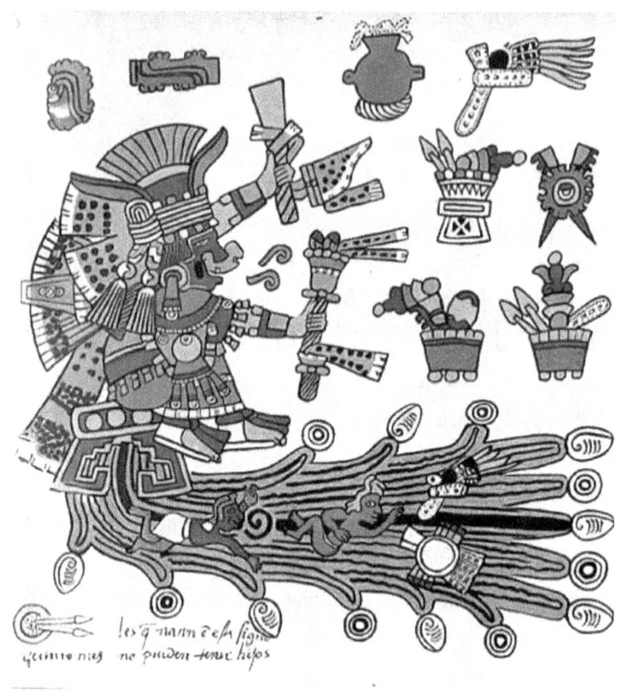

Los rituales y ceremonias en honor de Chalchiuhtlicue eran acontecimientos importantes en el calendario azteca. Estas ceremonias incluían ofrendas de agua, flores y otros elementos naturales para ganarse su favor y asegurar la continuidad de los ciclos del agua. Los sacerdotes y adoradores imploraban su protección para las comunidades y culturas, y para preservar el equilibrio y la armonía con las fuerzas naturales.

Chalchiuhtlicue también desempeñaba un papel crucial en las creencias relacionadas con el ciclo de la vida. Se la consideraba la deidad que presidía el nacimiento y crecimiento de los niños, ofreciendo protección y bendición a los recién nacidos. Esta asociación con el nacimiento y la juventud subraya la visión azteca del agua como elemento purificador y dador de vida.

La diosa también estaba asociada a ciertos mitos de la creación. Según una leyenda, fue Chalchiuhtlicue quien dio origen a las montañas y los ríos, modelando el paisaje y haciendo la tierra habitable y fértil para los humanos. Este mito subraya su papel de creadora y formadora del mundo natural.

Chalchiuhtlicue también era descrita a veces como la esposa o hermana de Tlaloc, el dios de la lluvia, lo que ilustra la íntima relación entre las distintas formas de agua y su importancia en la cosmología azteca. Juntos formaban una poderosa pareja divina que reinaba sobre los elementos vitales del agua y la fertilidad.

Las celebraciones en honor de Chalchiuhtlicue solían caracterizarse por bailes, cantos y procesiones a lo largo de los cursos de agua, que reflejaban alegría y gratitud por los dones de la diosa. Estas celebraciones reforzaban el vínculo entre las comunidades y su entorno, recordándonos la importancia de vivir en armonía con el mundo natural.

Chalchiuhtlicue, como diosa del agua, los ríos y los lagos, encarna la importancia del agua como fuente de vida, fertilidad y pureza en la mitología azteca. Simboliza la profunda conexión entre los aztecas y el mundo natural, y nos recuerda la importancia de preservar y venerar los recursos naturales por el bien de todos.

TONANTZIN: LA DIOSA MADRE AMOROSA Y NUTRICIA

Tonantzin, en el panteón azteca, es una deidad de profunda ternura e importancia. Su nombre, a menudo traducido como "Nuestra Madre Sagrada", refleja su papel como figura materna universal, símbolo de fertilidad, tierra nutricia y benevolencia. Es la encarnación del amor y la protección maternos, y vela por todos los aspectos de la vida y la creación.

En el corazón de la creencia en Tonantzin se encuentra la idea de que la propia tierra es una madre nutricia, que proporciona todo lo necesario para la vida y el bienestar de sus hijos. Por tanto, esta diosa estaba íntimamente ligada a la tierra y sus ciclos, gobernando las cosechas, las estaciones y los elementos naturales que nutren y sostienen la vida.

En los ritos y mitos aztecas, Tonantzin era venerada por su capacidad para atraer la fertilidad y la abundancia. Los campesinos buscaban su ayuda para asegurar cosechas fructíferas y proteger sus campos de las calamidades. Las mujeres embarazadas acudían a ella para tener un embarazo y un parto seguros, y se la celebraba en rituales relacionados con el nacimiento y la infancia.

La representación artística de Tonantzin en el arte azteca es rica y variada. A menudo se la representa como una figura maternal, a veces rodeada de niños o símbolos de fertilidad, como espigas de maíz o flores. También se la puede representar como una mujer joven, símbolo del nacimiento y la renovación, o como una mujer mayor, símbolo de la sabiduría y el conocimiento.

Tonantzin también estaba asociada a otros aspectos de la vida y la espiritualidad aztecas. Como figura materna, se la consideraba protectora de las familias y ofrecía apoyo y orientación en momentos de necesidad. Su naturaleza cariñosa y atenta la hacía accesible a todos, desde los más poderosos a los más humildes.

Las celebraciones en honor de Tonantzin eran momentos de gran alegría y gratitud. Estas ceremonias solían incluir ofrendas de alimentos, flores e incienso, así como oraciones y cantos. Los fieles se reunían para celebrar su conexión con la Madre Tierra y expresar su gratitud por sus bendiciones.

Tonantzin era también una figura de curación y purificación. Se creía que tenía el poder de limpiar la mente y el cuerpo, ofreciendo renovación espiritual a quienes buscaban su ayuda. Esta función purificadora era esencial en una cultura en la que el equilibrio espiritual y físico era vital para el bienestar individual y comunitario.

La diosa también estaba estrechamente vinculada a los ciclos de la vida y la muerte. Representaba el paso del nacimiento a la muerte y más allá, un ciclo eterno que subrayaba la naturaleza cambiante pero continua de la vida. Como madre nutricia, encarnaba la idea de que la muerte es sólo una parte del ciclo de la vida, una transición más que un final.

Tonantzin, como Diosa Madre amorosa y nutricia, es una figura de gran ternura e importancia en la mitología azteca. Simboliza el amor incondicional, la fertilidad, la protección y la sabiduría. Su culto revela la profunda conexión de los aztecas con la tierra, la naturaleza y los ciclos de la vida, celebrando a la Madre Tierra como fuente de vida, fuerza y guía.

PARTE IV

ENTRE HOMBRES Y MONSTRUOS - MITOS Y LEYENDAS

EL NAHUATL Y LOS NAHUALES: METAMORFOSIS Y ESPIRITUS ANIMALES

En el vasto y complejo universo de la mitología azteca, el concepto de los nahuales ocupa un lugar especial, fascinante y misterioso. Originarios de la lengua y la cultura náhuatl, los nahuales son algo más que criaturas o espíritus; representan una profunda conexión entre el mundo humano y el animal, una metamorfosis que trasciende los límites entre el hombre y la naturaleza.

El náhuatl y la cosmovisión azteca

Para comprender plenamente a los nahuales, es esencial sumergirse en el náhuatl, la lengua de los aztecas. Esta lengua rica en matices era el medio para expresar su visión del mundo, una visión en la que la naturaleza, los espíritus, los dioses y las personas coexistían e interactuaban constantemente. En náhuatl, las palabras eran más que meras designaciones; estaban cargadas de poder, significado y misterio.

En el centro de esta visión del mundo están los nahuales. Un nahual es un ser humano con la capacidad de transformarse en animal. Esta transformación no es simplemente un cambio físico; es profunda, toca la esencia misma del individuo. El nahual puede considerarse un alter ego animal, un guía espiritual o un protector. Es un puente entre el mundo tangible y el de los espíritus.

Los nahuales no son criaturas de leyenda elegidas al azar. El animal en cuestión suele ser un reflejo de la personalidad, los rasgos o las aspiraciones del individuo. Por ejemplo, un guerrero feroz y valiente puede transformarse en un jaguar, animal venerado por su fuerza y agilidad. Del mismo modo, un sabio o un curandero puede unirse a una serpiente, símbolo del conocimiento y el renacimiento.

Convertirse en nahual es un proceso espiritual y sagrado, a menudo rodeado de rituales y misterio. No se trata de una transformación aleatoria o involuntaria, sino de un cambio consciente, normalmente iniciado por un ritual o rito de iniciación. Este proceso solía estar reservado a una élite espiritual o a quienes habían demostrado un profundo conocimiento y respeto por la naturaleza y sus criaturas.

Papeles y funciones de los nahuales

En la sociedad azteca, los nahuales desempeñaban varias funciones. Algunos eran considerados protectores y cuidaban de su comunidad o territorio. Otros eran consejeros y utilizaban su vínculo con el mundo animal para adquirir sabiduría y perspectiva. También había nahuales guerreros, formidables en combate, que utilizaban su transformación para conseguir fuerza y agilidad sobrehumanas.

Los nahuales aparecen en muchas leyendas e historias aztecas, a veces como héroes, a veces como advertencias. Recuerdan a la gente su vínculo con el mundo natural y las responsabilidades que ello conlleva. Las historias de los nahuales sirven a menudo como lecciones morales o guías espirituales, ilustrando las virtudes de la sabiduría, el valor y el respeto por la naturaleza.

La relación entre un ser humano y su Nahual es íntima y compleja. Se basa en el respeto mutuo y la comprensión profunda. El nahual es más que un espíritu animal: es un compañero, un guía y, a veces, un guardián. Esta relación se describe a menudo como un viaje de autodescubrimiento, una exploración de las profundidades del alma y el espíritu de cada uno.

El nahualismo en la práctica espiritual azteca

En la práctica espiritual azteca, el nahualismo es un camino hacia el autoconocimiento y la armonía con el mundo natural. Es un recordatorio de que el hombre no está separado de la naturaleza, sino que es parte integrante de ella. Los nahuales, en su capacidad de cruzar mundos y unir cualidades humanas y animales, encarnan esta idea de conexión y unidad.

Los nahuales, con su poder de transformación y su profunda conexión con el mundo animal, son un aspecto fascinante de la mitología azteca. Simbolizan el respeto por la naturaleza, la comprensión de la interconexión de todas las formas de vida y la búsqueda del equilibrio entre los mundos físico y espiritual. Los nahuales no son sólo figuras de metamorfosis; son emblemas de una filosofía de vida, un recordatorio de la riqueza y complejidad del mundo natural y espiritual en el que vivían los aztecas.

EL TZITZIMIME: MONSTRUOS ESTELARES Y OSCURIDAD

Los tzitzimime: entidades celestiales aterradoras

En el rico mundo de la mitología azteca, los tzitzimime ocupan un lugar especialmente intrigante y aterrador. Estas entidades celestiales, a menudo representadas como monstruos estelares, se asociaban con la oscuridad, el caos y la destrucción. Su nombre, que evoca tanto el brillo de las estrellas como el lado oscuro del universo, refleja su compleja naturaleza y su papel en la cosmología azteca.

Las Tzitzimime eran consideradas fuerzas poderosas y a menudo malévolas, diosas estelares que descendían a la Tierra durante los eclipses solares, los periodos de gran oscuridad o al final de un ciclo cósmico. Los aztecas los consideraban periodos de vulnerabilidad, en los que el mundo corría peligro de destrucción a manos de estas despiadadas criaturas celestiales.

Visualmente, los tzitzimime se representaban a menudo de forma aterradora: con esqueletos o cuerpos demacrados, garras afiladas y rostros terroríficos. Estas imágenes simbolizaban la muerte, la decadencia y los aspectos destructivos del universo. Eran la personificación de las fuerzas caóticas de la naturaleza, que recordaban a los aztecas la fragilidad de su existencia y la necesidad de mantener el orden y el equilibrio en el mundo.

Simbolismo y culto de la tzitzimime

El culto y el simbolismo de los tzitzimime estaban profundamente arraigados en la cultura y las creencias aztecas. Su presencia era un recordatorio constante de la dualidad del universo: luz y oscuridad, creación y destrucción, vida y muerte. Esta dualidad era fundamental para la comprensión azteca del mundo, donde todo se hallaba en un precario equilibrio.

Los tzitzimime también estaban asociados a importantes rituales y ceremonias, sobre todo los relacionados con los ciclos astronómicos y el calendario. Los sacerdotes y adivinos aztecas observaban atentamente los movimientos de las estrellas y los planetas, anticipándose a los periodos en los que los Tzitzimime podían manifestar su poder y provocar posibles desastres.

Las ceremonias en las que participaban los tzitzimime solían estar marcadas por una mezcla de temor y respeto. Se hacían ofrendas y sacrificios para apaciguar a estas poderosas entidades y proteger al mundo de su influencia destructiva. Estos rituales reflejaban el reconocimiento de los aztecas de las fuerzas peligrosas e incontrolables del universo, así como su intento de mantener la armonía cósmica.

Los tzitzimime en la mitología y la leyenda

En la mitología azteca, los tzitzimime protagonizan diversas historias y leyendas. Una de las más llamativas es la de su descenso a la Tierra durante los eclipses solares, cuando pretendían devorar el sol y sumir al mundo en una oscuridad permanente. Esta leyenda subraya la tensión constante entre las fuerzas de la luz y la oscuridad, un tema recurrente en la mitología azteca.

Otra leyenda cuenta que los tzitzimime estaban en constante conflicto con dioses solares como Tonatiuh, el dios del Sol. Este conflicto cósmico era una metáfora de la lucha diaria entre el día y la noche y, por extensión, entre el orden y el caos. Estas historias se utilizaban para explicar los fenómenos naturales y enseñar lecciones morales sobre la necesidad de vigilancia y resistencia frente a las fuerzas oscuras del universo.

Los Tzitzimime representan un aspecto fascinante y aterrador de la mitología azteca. Simbolizan los aspectos más oscuros y peligrosos del universo, recordando a los aztecas la presencia constante de fuerzas caóticas y destructivas. Su culto y los mitos que los rodean ofrecen una visión profunda de la cosmovisión azteca, en la que el miedo, el respeto y la comprensión de las fuerzas naturales desempeñaban un papel central en su cultura y espiritualidad.

LAS CIHUATETEO: MUJERES DIVINAS Y SUS TRAGICAS HISTORIAS

Orígenes de Cihuateteo

En el panteón místico azteca, las Cihuateteo son figuras a la vez veneradas y temidas. Estos espíritus femeninos, que representan a mujeres muertas en el parto, encarnan la dualidad de la creación: vida y muerte, fertilidad y decadencia. Su trágico destino de morir al dar a luz las eleva al rango de divinidades, pero con una herencia melancólica.

El término Cihuateteo procede del náhuatl "Cihuatl", que significa mujer, y "Teteo", que significa dioses. Estas entidades son literalmente "diosas femeninas", honradas como guerreras sagradas que libraron la batalla de la maternidad. Su muerte durante el parto las sitúa en el mismo rango que los guerreros caídos, y se supone que sus almas se unen al paraíso del oeste, donde acompañan al sol en su viaje diario.

El culto y las creencias en torno a Cihuateteo

El culto a los Cihuateteo estaba impregnado de temor y respeto. Se creía que estos espíritus tenían el poder de influir en el mundo de los vivos, trayendo enfermedades y desgracias, pero también bendiciones y protección. Los

Cihuateteo eran especialmente activos durante ciertos días del calendario azteca, las "Trecenas", cuando descendían a la tierra para interactuar con los vivos.

Los aztecas organizaban rituales para apaciguar al Cihuateteo, ofreciéndole sacrificios y oraciones para alejar su ira. Estos rituales incluían ofrendas de alimentos, flores y objetos preciosos, que se colocaban en los cruces de caminos o en santuarios dedicados a ellos. Sacerdotes y curanderos invocaban su protección contra las enfermedades, especialmente para los niños y las mujeres embarazadas.

Los Cihuateteo también estaban vinculados a los ciclos agrícolas. Como espíritus de la fertilidad y la muerte, simbolizaban los procesos de germinación y descomposición, esenciales para la regeneración de la tierra. Su presencia era, por tanto, crucial para las cosechas y la prosperidad agrícola.

Leyendas de Cihuateteo

Los mitos que relatan la existencia de los Cihuateteo son ricos y variados, a menudo cargados de emoción y simbolismo. Una leyenda cuenta que, tras su muerte, los Cihuateteo fueron llevados por la diosa Xochiquetzal, patrona de la fertilidad y el amor, al paraíso occidental. Allí se transformaron en bellas diosas, sus sufrimientos terrenales desaparecieron y se convirtieron en compañeras del sol.

Otra leyenda cuenta que, durante sus visitas nocturnas a la Tierra, los Cihuateteo cuidaban de los niños, bendiciéndolos con su tacto. Sin embargo, si se les molestaba o descuidaba, podían causar enfermedades o maldiciones. Esta dualidad refleja la creencia de que la vida y la muerte están inextricablemente unidas, siendo cada final el principio de una nueva forma de existencia.

Cihuateteo en el arte y la cultura aztecas

En el arte azteca, las Cihuateteo suelen representarse de forma conmovedora y bella. Aparecen como mujeres nobles, adornadas con ricas joyas, pero con rostros esqueléticos o difuntos, símbolo de sus trágicas muertes. Estas representaciones artísticas sirven como recordatorio constante de su sacrificio y poder.

Los Cihuateteo ocupan un lugar único en la cultura azteca. Son el tema de muchas canciones, poemas e historias, a menudo utilizadas para enseñar lecciones sobre el valor, el sacrificio y el respeto a la vida. Su historia es un recordatorio de la naturaleza cíclica de la existencia, donde la muerte da origen a la vida y el sufrimiento a la belleza.

Los Cihuateteo, con su trágica historia y su estatus divino, representan un aspecto único de la mitología azteca. Simbolizan la fuerza y la vulnerabilidad, la vida y la muerte, la fertilidad y la esterilidad. Su culto y las leyendas que los rodean ofrecen una ventana a la compleja y matizada visión del mundo azteca, un mundo donde el dolor y la belleza son inseparables, y donde la muerte no es más que una transición a una nueva forma de existencia.

AHUIZOTL: LA CRIATURA ACUATICA Y EL TERROR DE LAS AGUAS

En el rico imaginario de la mitología azteca, el Ahuizotl es una criatura única, a la vez fascinante y terrorífica. Este monstruo acuático, cuyo nombre significa "nutria de agua" en náhuatl, se describe a menudo como un híbrido de varios animales con rasgos particularmente siniestros y misteriosos. El Ahuizotl es un símbolo del terror de las aguas, que encarna los peligros ocultos de ríos y lagos.

Descripción física y atributos del Ahuizotl

La representación del Ahuizotl en el arte azteca es extraña e intrigante. A menudo se le describe con el cuerpo de un perro, pero con manos humanas en lugar de patas y una larga cola prensil. Su cola, que termina en una mano humana, es uno de sus atributos más distintivos. Esta singular característica le confiere un aura de misterio y poder sobrenatural.

Sus ojos redondos y penetrantes y sus orejas erguidas le confieren un aspecto alerta y amenazador. Se dice que su pelaje es suave y brillante, lo que le hace casi escurridizo en el agua. Este pelaje se asocia a menudo con reflejos azulados o verdosos, que recuerdan el color de las aguas profundas.

El mito de Ahuizotl

El mito del Ahuizotl es rico en simbolismo y advertencias. Según la leyenda, esta criatura habitaba lagos y ríos y se escondía en el agua para sorprender a sus víctimas. El Ahuizotl atraía a los humanos al agua con gritos infantiles o de auxilio. Cuando una persona se acercaba lo suficiente, el Ahuizotl la agarraba con su cola prensil y la arrastraba bajo el agua para ahogarla.

Las víctimas del Ahuizotl solían ser pescadores o viajeros descuidados. Se creía que la criatura se alimentaba de los ojos, dientes y uñas de sus víctimas, partes del cuerpo cargadas de simbolismo en la cultura azteca. La muerte a manos del Ahuizotl se consideraba especialmente trágica y desafortunada.

Simbolismo y significado cultural del Ahuizotl

Más allá de su naturaleza terrorífica, el Ahuizotl es rico en simbolismo. Representa los peligros ocultos y las trampas de la naturaleza, así como la frágil frontera entre el mundo conocido y el desconocido. Esta criatura simboliza también el castigo para quienes no respetan las leyes de la naturaleza o se aventuran temerariamente en territorios desconocidos.

En algunas interpretaciones, el Ahuizotl es visto como un guardián de las aguas, un protector de los secretos y tesoros ocultos en las profundidades. Su naturaleza ambigua refleja la dualidad del agua como fuente de vida y muerte, un elemento esencial pero potencialmente destructivo.

El Ahuizotl aparece en varias historias y creencias aztecas, a menudo como advertencia contra la arrogancia o la negligencia. Las historias del Ahuizotl sirven para enseñar a respetar la naturaleza y a ser precavidos ante peligros desconocidos. Estas historias ponen de relieve el conocimiento y la sabiduría de los antiguos aztecas con respecto a su entorno natural.

En algunos mitos, el Ahuizotl se asocia con deidades acuáticas o fuerzas sobrenaturales, desempeñando un papel en historias de creación o destrucción. Estas asociaciones refuerzan su condición de criatura mítica y símbolo de los misterios del agua.

El Ahuizotl en celebraciones y rituales

Aunque principalmente temido, el Ahuizotl era invocado a veces en rituales y ceremonias aztecas. Estos rituales pretendían apaciguar a la criatura o pedir su protección contra los peligros de las aguas. Las ofrendas al Ahuizotl incluían objetos preciosos arrojados a las aguas, símbolo de respeto y reconocimiento de su poder.

El Ahuizotl, con su singular mezcla de rasgos animales y humanos y su enigmático comportamiento, sigue siendo una de las criaturas más cautivadoras de la mitología azteca. Encarna la complejidad y diversidad de la cosmogonía azteca, en la que las criaturas míticas se utilizan para explicar fenómenos naturales y transmitir valores culturales esenciales. El mito de Ahuizotl, que narra el terror de las aguas y el poder oculto de la naturaleza, sigue fascinando e inspirando, recordándonos los insondables misterios del mundo natural y la necesidad de armonía con él.

Xolotl: El dios perro del rayo y el fuego

Xólotl, figura enigmática de la mitología azteca, suele describirse como el dios perro asociado al rayo, el fuego y la transformación. Su complejo papel en la mitología azteca es a la vez fascinante y multidimensional, pues combina aspectos de creación, destrucción, renovación y guardián del más allá.

Origen y naturaleza del Xolotl

El nombre Xolotl procede del náhuatl, la lengua de los aztecas, y significa literalmente "monstruo". A menudo se representa a Xólotl como un perro, un animal que desempeñó un papel importante en la cultura azteca. El perro se consideraba un guía para las almas en el más allá, un fiel compañero de los muertos en su viaje al Mictlán, el mundo de los muertos.

Esta asociación con los perros confiere a Xólotl una dimensión única como protector de las almas, pero también un aspecto terrorífico. En algunas representaciones, se le representa con un cuerpo deforme o esquelético, ojos brillantes y un andar renqueante, evocando su papel en el inframundo y en los procesos de transformación.

Xólotl, hermano de Quetzalcóatl

A menudo se identifica a Xólotl como hermano gemelo de Quetzalcóatl, el famoso dios serpiente emplumada. Esta relación fraternal es fundamental en muchas leyendas, en las que Xólotl y Quetzalcóatl trabajan juntos en diversas empresas cósmicas, incluida la creación de la humanidad. Xólotl suele considerarse el aspecto oscuro o el complemento necesario de Quetzalcóatl, y desempeña un papel crucial en el equilibrio entre la luz y la oscuridad.

Xólotl desempeña un papel importante en los mitos de la creación. En una de las historias más famosas, acompaña a Quetzalcóatl al inframundo para recuperar los huesos de generaciones anteriores de la humanidad con el fin de crear

la actual raza de hombres. Xólotl, con sus conocimientos del
más allá, ayuda a Quetzalcóatl a navegar por la oscuridad
del Mictlán.

En esta búsqueda, Xólotl utiliza sus poderes de
metamorfosis para cambiar de forma varias veces,
superando los obstáculos y desafíos del inframundo. Estas
transformaciones subrayan su naturaleza polimorfa y su
papel como maestro del cambio y la regeneración.

Xólotl: Símbolo de transformación y regeneración

Xólotl está íntimamente ligado a las ideas de
transformación y renovación. Como dios del rayo y del
fuego, se le asocia con la destrucción, pero también con la
creación que inevitablemente le sigue. El fuego, destructor
pero también purificador, es un poderoso símbolo de la
capacidad de Xólotl para destruir lo viejo y dar paso a lo
nuevo.

En algunas tradiciones, Xólotl también se asocia con la
enfermedad y la deformidad, simbolizando las penurias y
los cambios difíciles. Sin embargo, incluso en este contexto,
representa la posibilidad de curación y renovación tras el
sufrimiento.

Xólotl en el culto y las ceremonias aztecas

El culto a Xólotl estaba marcado por ceremonias y
rituales que honraban su dualidad y poder. Se hacían
ofrendas para apaciguar su naturaleza impredecible y pedir
su protección contra las fuerzas destructivas. Estos rituales
solían celebrarse durante periodos de cambio, como

eclipses o solsticios, cuando la influencia de Xólotl se consideraba especialmente poderosa.

Xólotl desempeñaba un papel importante en las creencias aztecas sobre el más allá. Como guía de las almas, se le invocaba a menudo en oraciones y rituales funerarios. Se creía que su acompañamiento garantizaba el paso seguro de los difuntos a través del Mictlán hasta su descanso eterno.

Xólotl, con su compleja mezcla de rasgos terroríficos y benévolos, representa la naturaleza polifacética de la vida según la cosmovisión azteca. Simboliza la transformación, el cambio y el equilibrio necesario entre creación y destrucción. El mito de Xólotl, con sus matices de luz y oscuridad, destrucción y regeneración, sigue inspirando y cautivando, recordándonos la necesidad de abrazar los cambios de la vida y aceptar las dualidades inherentes a la existencia.

LA LEYENDA DEL JAGUAR : BESTIAS DIVINAS Y PROTECTORES DE LA TIERRA

En la mitología azteca, el jaguar es mucho más que un animal: es una criatura divina, símbolo de fuerza, agilidad y poder místico. Admirado y temido, el jaguar es un protagonista central de muchas leyendas aztecas, encarnando a la vez al protector y al destructor, al guardián de la tierra y al guía de las almas.

El jaguar en la cosmogonía azteca

En la cosmogonía azteca, el Jaguar está estrechamente vinculado a Tezcatlipoca, el dios de la noche y el destino. Tezcatlipoca, representado a menudo con el pie de un jaguar, simboliza la dualidad, la magia y la capacidad de ver en la oscuridad. Esta asociación del dios con el jaguar subraya la importancia de este animal en la cosmovisión azteca, donde se le considera un vínculo entre lo natural y lo sobrenatural.

Los aztecas creían que los jaguares eran criaturas celestiales, enviadas a la Tierra para actuar como protectores y guías. Los consideraban espíritus de la selva, guardianes de los mundos natural y sobrenatural, y símbolos de la capacidad de navegar por ambos.

Los jaguares eran venerados como protectores de las tierras aztecas. Se creía que vigilaban los bosques, las montañas y los ríos, protegiendo los recursos naturales y manteniendo el equilibrio del ecosistema. Estas bestias divinas eran consideradas poderosos guardianes, capaces de ahuyentar a las fuerzas del mal y proteger a las comunidades.

Los cazadores y guerreros aztecas invocaban a menudo al espíritu del Jaguar por su fuerza y valor. El jaguar se consideraba un modelo de estrategia, sigilo y poder, cualidades esenciales para cazadores y guerreros.

Simbolismo y significado del jaguar

El jaguar, con su pelaje moteado que recuerda a las estrellas del cielo nocturno, era un símbolo de misterio y magia. Estas manchas se interpretaban a menudo como representaciones de la Vía Láctea, vinculando al Jaguar con el universo y las fuerzas cósmicas.

En el arte azteca, el jaguar se representaba a menudo con una mirada intensa y una postura majestuosa, subrayando su condición de criatura divina y poderosa. Las imágenes y esculturas de jaguar eran comunes en templos y hogares, y servían como talismanes de protección y fuerza.

Los jaguares desempeñaban un papel importante en los rituales y ceremonias aztecas. A veces se hacían ofrendas en su honor y se celebraban rituales especiales para invocar sus espíritus. Los sacerdotes y chamanes utilizaban pieles, garras y dientes de jaguar en sus rituales, pues creían que estos objetos poseían poderes mágicos.

Las ceremonias en honor del jaguar solían estar marcadas por la danza y el canto, celebrando la fuerza y la majestuosidad de esta criatura divina. Estas ceremonias reforzaban el vínculo entre la comunidad y la naturaleza, recordándonos la importancia de vivir en armonía con el mundo natural.

El Jaguar, Guía de las Almas

En ciertas creencias aztecas, el Jaguar era considerado un guía para las almas en el más allá. Se creía que el Jaguar acompañaba a los espíritus de los difuntos en su viaje al Mictlán, el inframundo de los muertos. Esta función de guía subraya la naturaleza protectora del Jaguar, incluso en la otra vida.

La leyenda del Jaguar, con sus múltiples facetas y significados, es un testimonio de la profundidad y riqueza de la mitología azteca. Como bestia divina y protector de la tierra, el jaguar simboliza la fuerza, la sabiduría y el poder místico. Encarna la unión entre los mundos natural y sobrenatural, recordando a los aztecas el carácter sagrado de la naturaleza y su lugar en el universo. La leyenda del jaguar sigue inspirando y cautivando, ilustrando cómo las culturas antiguas percibían y honraban el mundo natural y sus majestuosas criaturas.

PARTE V

EL PANTEÓN HEROICO - HÉROES MÍTICOS

LOS GEMELOS DIVINOS: HUNAHPU Y XBALANQUE Y SU MITICO VIAJE

Hunahpú y Xbalanqué, los gemelos divinos de la mitología azteca, son figuras centrales de los relatos míticos. Su historia, mezcla de valor, astucia y búsqueda espiritual, es una de las epopeyas más cautivadoras del panteón azteca. Estos gemelos son famosos por sus heroicas aventuras, inteligencia y destreza, que les han llevado a superar pruebas y retos extraordinarios.

Nacimiento y origen de los gemelos

Hunahpu y Xbalanque nacieron en circunstancias extraordinarias. Su madre, una diosa hermosa y poderosa, concibió a los gemelos en condiciones místicas, marcándolos desde el principio como seres destinados a la grandeza. Desde el momento de su nacimiento, estuvieron dotados de poderes sobrenaturales y de una profunda conexión con las fuerzas cósmicas.

La infancia de los gemelos divinos estuvo marcada por signos de su destino excepcional. Crecieron con sed de aprendizaje y capacidad para comprender verdades profundas sobre el mundo y el universo. Su educación corrió a cargo de sabios y maestros espirituales que les introdujeron en las artes, las ciencias y los misterios de la magia y lo divino.

La mítica búsqueda de Hunahpú y Xbalanqué es una historia de aventura, desafío y transformación. Su viaje comenzó con una serie de pruebas diseñadas para poner a prueba su valor, inteligencia y fuerza. Estas pruebas fueron orquestadas por deidades y fuerzas oscuras que pretendían impedir que los gemelos alcanzaran su destino.

Uno de los momentos culminantes de su épico viaje fue el enfrentamiento con los señores de Xibalba, el inframundo. Los gemelos tuvieron que navegar por este reino oscuro y peligroso, enfrentándose a obstáculos y trampas. Gracias a su ingenio y fuerza espiritual, consiguieron desbaratar los planes de los Señores de Xibalba y triunfar sobre sus adversarios.

Su papel en la creación y estructura del mundo

Hunahpú y Xbalanqué también desempeñaron un papel crucial en la creación y estructuración del mundo. Participaron en actos de creación divina, dando forma a montañas, ríos y bosques, y ayudando a establecer el orden cósmico. Su contribución a la formación del mundo es testimonio de su poder e importancia en la mitología azteca.

Las aventuras de los gemelos divinos son ricas en lecciones y enseñanzas morales. Cada etapa de su viaje es una alegoría de la vida, que simboliza las pruebas, los éxitos y los fracasos que todo individuo puede encontrar. Su historia es fuente de inspiración y nos recuerda la importancia de la perseverancia, la sabiduría y la fe.

Su patrimonio e influencia cultural

La herencia de Hunahpú y Xbalanqué está profundamente arraigada en la cultura y las tradiciones aztecas. Son venerados como héroes, protectores y guías espirituales. Su influencia se refleja en el arte, la literatura y los rituales, donde a menudo se les representa como símbolos de fuerza y resistencia.

El impacto de las Gemelas Divinas en las generaciones futuras es innegable. Su historia se sigue contando y celebrando, inspirando a la gente a perseguir sus sueños y superar los obstáculos. Hunahpú y Xbalanqué siguen siendo figuras emblemáticas de la cultura azteca, que representan el espíritu heroico y la aventura espiritual.

Hunahpú y Xbalanqué, los gemelos divinos, ocupan un lugar especial en el panteón azteca. Su saga, llena de aventuras, desafíos y sabiduría, sigue iluminando e inspirando. Su leyenda es un poderoso recordatorio de la capacidad del espíritu humano para enfrentarse a la adversidad, buscar el conocimiento y aspirar a la grandeza. Su mítico viaje es una metáfora de la búsqueda del hombre por comprender su lugar en el universo y realizar su potencial divino.

TOPILTZIN QUETZALCOATL: EL REY-SACERDOTE Y SU BUSQUEDA DE LA SABIDURIA

Topiltzin Quetzalcóatl, una de las figuras más fascinantes de la mitología azteca, es a la vez un rey-sacerdote histórico y una figura divina. Su vida y sus enseñanzas constituyen un capítulo esencial del panteón heroico azteca, en el que se mezclan historia, leyenda y espiritualidad.

Nacimiento y origen de Topiltzin Quetzalcóatl

Cuenta la leyenda que Topiltzin Quetzalcóatl nació en circunstancias extraordinarias, marcado desde su nacimiento por signos divinos. Hijo de Mixcoatl, un renombrado caudillo, y Chimalman, una figura femenina de gran espiritualidad, Topiltzin estaba destinado a una vida de grandeza. Su nacimiento estuvo acompañado de prodigios celestiales, que anunciaban el advenimiento de un gobernante excepcional.

La juventud de Topiltzin estuvo dedicada al aprendizaje de las artes, las ciencias y los misterios religiosos de su pueblo. Fue educado por sacerdotes y sabios, desarrollando una profunda comprensión de la espiritualidad y una íntima conexión con la deidad Quetzalcoatl, el dios serpiente emplumada.

El ascenso al poder de Topiltzin

Topiltzin ascendió rápidamente y se convirtió en un líder respetado y venerado. Su ascenso al poder estuvo marcado por la reforma, la innovación y la gobernanza ilustrada. Bajo su liderazgo, la ciudad de Tula disfrutó de un periodo de prosperidad y paz, convirtiéndose en un centro de cultura, arte y espiritualidad.

La búsqueda de la sabiduría por parte de Topiltzin Quetzalcóatl es el núcleo de su historia. Constantemente buscaba una comprensión más profunda del universo, la naturaleza divina y el lugar de la humanidad en el cosmos. Sus viajes, tanto físicos como espirituales, le llevaron a tierras lejanas y reinos místicos.

Topiltzin era conocido por sus profundas enseñanzas y sus reformas humanistas. Abogó por la paz, la justicia y la armonía, tratando de establecer un orden social basado en elevados principios espirituales. Sus enseñanzas hacían hincapié en la compasión, la sabiduría y el respeto por la naturaleza.

Cuenta la leyenda que Topiltzin se vio obligado a exiliarse como consecuencia de intrigas políticas y conflictos religiosos. Este capítulo de su vida está teñido de melancolía y misterio, ya que abandonó Tula para embarcarse en un viaje incierto, con la promesa de regresar algún día.

Topiltzin y el culto a Quetzalcóatl

Topiltzin está indisolublemente ligado al culto de Quetzalcóatl. A menudo se le compara con el dios-serpiente emplumado, que representa su avatar terrenal. Esta fusión entre el gobernante histórico y la deidad ilustra cómo los aztecas percibían el vínculo entre lo divino y lo temporal.

El legado de Topiltzin Quetzalcóatl ha sobrevivido mucho más allá de su época. Su influencia se deja sentir en la cultura, la religión y la política aztecas, así como en los mitos y leyendas que han dado forma a la civilización mesoamericana.

Topiltzin Quetzalcóatl, con su incansable búsqueda de la sabiduría y su reinado iluminado, sigue siendo una figura emblemática de la mitología azteca. Su vida, mezcla de realidad histórica y leyenda divina, sigue inspirando y fascinando, simbolizando la eterna búsqueda del conocimiento, la espiritualidad y la armonía con el mundo natural y divino. Su historia es un poderoso recordatorio de cómo las grandes figuras de la historia pueden convertirse en leyendas, influir en generaciones y conformar la identidad cultural de un pueblo.

LA LEYENDA DE POPOCATÉPETL E IZTACCÍHUATL: UNA HISTORIA DE AMOR Y TRAICIÓN

La leyenda del Popocatépetl y el Iztaccíhuatl es una de las más conmovedoras y trágicas de la mitología azteca. Narra la historia de un amor inmortal y una traición devastadora, encarnados por dos de los volcanes más famosos de México. Esta leyenda, transmitida de generación en generación, combina amor, guerra, sacrificio e inmortalidad.

Los protagonistas de la leyenda

Popocatépetl, el Guerrero

Popocatépetl, a menudo apodado "Popo", era un guerrero poderoso y respetado, conocido por su valentía y habilidad en la batalla. Hijo de un gran jefe, estaba destinado a convertirse en líder de su pueblo. Valiente y noble, Popo también estaba profundamente enamorado de Iztaccíhuatl, la hija de otro poderoso jefe.

Iztaccíhuatl, la Princesa

Iztaccíhuatl, conocida cariñosamente como "Izta", era famosa por su belleza y gracia. Era la amada hija de un influyente jefe y era conocida por su espíritu gentil y compasivo. La profundidad de su amor por Popo se correspondía con su belleza, formando una pareja admirada y envidiada.

Amor y promesa

Popo e Izta se amaban profundamente y querían casarse. El padre de Izta, deseando lo mejor para su hija, dio su bendición a la unión, pero con una condición: Popo tendría que demostrar primero su valía luchando contra los enemigos de su tribu.

Popo aceptó el desafío, prometiendo a Izta que volvería victorioso y se casaría con ella. Intercambiaron votos de amor eterno y Popo partió hacia la batalla, con el corazón encogido pero decidido.

Mientras Popo estaba fuera, un rival cruel y celoso, que quería a Izta para sí, urdió un siniestro plan. Llevó al campo de batalla la falsa noticia de la muerte de Popo, con la esperanza de ganarse el corazón roto de Izta.

Izta, devastada por la noticia de la muerte de Popo, se hundió en una profunda desesperación. Incapaz de vivir sin su amor, murió de pena, con el corazón roto por la traición y la pérdida.

Cuando Popo regresó victorioso, con la esperanza de encontrar a su amada, fue recibido con la noticia de la trágica muerte de Izta. Desconsolado y furioso, Popo llevó el cuerpo sin vida de Izta a las cumbres de las montañas, con la esperanza de que los dioses la devolvieran a la vida.

Construyó una inmensa tumba en forma de montaña para su amada y permaneció a su lado, antorcha en mano, velando por ella eternamente. Su dolor y lealtad eran tan profundos que los dioses, conmovidos por su inquebrantable amor, lo transformaron en un enorme volcán.

El nacimiento de los volcanes

Así nacieron los volcanes Popocatépetl e Iztaccíhuatl. Popo, el volcán activo, representa al guerrero que vela por su princesa, emitiendo humo y cenizas en su eterno dolor. Izta, el volcán inactivo, simboliza a la princesa dormida en su sueño de muerte.

La leyenda de Popocatépetl e Iztaccíhuatl es una historia conmovedora que aún resuena hoy en día. Simboliza el amor eterno, la lealtad y el sacrificio, y nos recuerda la fragilidad de la vida y el poder del amor. Estos volcanes, visibles en el paisaje mexicano, son recordatorios constantes de esta leyenda de amor y traición, grabada en el corazón y el alma del pueblo azteca.

TLALOCAN: EL PARAISO DE TLALOC Y LOS VIAJES DE LOS VALIENTES

Tlalocan, el exuberante y místico paraíso gobernado por Tlaloc, el dios azteca de la lluvia y el agua, es una tierra de leyenda y misterio. En la mitología azteca, Tlalocan se describe como un lugar de belleza y abundancia, donde las almas valientes encuentran la paz y la dicha después de la muerte. Es un lugar de exuberante verdor, lagos centelleantes y jardines florecientes, que contrasta con las austeras visiones del más allá de otras mitologías.

El dios Tlaloc

Tlaloc, uno de los dioses más venerados del panteón azteca, reina sobre Tlalocan. A menudo se le representa con los atributos de una rana o una serpiente, criaturas asociadas con el agua y la fertilidad. Como divinidad de la lluvia, Tlaloc es una figura crucial para una civilización dependiente de la agricultura, pues simboliza la vida, el crecimiento y la prosperidad.

Paraíso de Tlalocan

Tlalocan se describe como un mundo de inimaginable belleza y riqueza, un lugar donde el tiempo y las preocupaciones terrenales no existen. Los ríos fluyen con néctar, los árboles están cargados de jugosos frutos y los campos son eternamente verdes. En este paraíso, las almas de los difuntos viven en un estado de felicidad y satisfacción eternas.

Criterios de ingreso y vida en Tlalocan

A diferencia de otras culturas antiguas, la entrada en Tlalocan no se basaba en criterios morales o éticos, sino en las circunstancias de la muerte. Las personas que morían por causas relacionadas con el agua, como ahogamientos, enfermedades transmitidas por el agua o rayos, debían unirse a Tlaloc en su exuberante paraíso. Los niños sacrificados en honor de Tlaloc también debían ir a Tlalocan, ofreciendo sus lágrimas al dios de la lluvia.

El viaje de las almas a Tlalocan era una aventura espiritual en la que eran guiadas por criaturas míticas y espíritus. El viaje se describía a menudo como un recorrido a través de paisajes variados: montañas escarpadas, bosques densos y ríos tumultuosos. Las almas tenían que superar diversos obstáculos y pruebas para llegar a su destino final.

Una vez en Tlalocan, las almas se liberaban de todo sufrimiento y enfermedad. Participaban en fiestas eternas, deleitándose con las delicias que ofrecía este paraíso. En Tlalocan, se reencontraban con sus seres queridos, compartían historias de su vida terrenal y vivían en un estado de felicidad continua.

Un patrón en el arte y la literatura

Tlalocan ejerció una profunda influencia en el arte, la literatura y los rituales aztecas. Se pueden encontrar representaciones de Tlaloc y su paraíso en frescos, cerámicas y textos antiguos, lo que refleja la importancia de este mito en la vida cotidiana y espiritual de los aztecas.

El culto a Tlaloc y la creencia en Tlalocan también desempeñaban un papel central en los rituales aztecas, sobre todo en los relacionados con la agricultura y las estaciones. Se realizaban sacrificios y ofrendas en honor de Tlaloc para asegurar abundantes lluvias y buenas cosechas.

Un símbolo de esperanza y renovación

Tlalocan era algo más que un lugar de descanso para los muertos: era un símbolo de esperanza y renovación. Para los aztecas, la muerte no era el final, sino una transición a una existencia diferente, un ciclo continuo de vida, muerte y renacimiento.

La leyenda de Tlalocan sigue siendo un relato poderoso y evocador, que ilustra la compleja visión de los aztecas sobre la vida, la muerte y el más allá. Este paraíso divino, gobernado por Tlaloc, ofrece una visión de una vida después de la muerte llena de alegría y paz, que refleja las profundas creencias y esperanzas de una antigua civilización.

Tlalocan sigue siendo un fascinante testimonio de la riqueza y profundidad de la mitología azteca, un mundo en el que las deidades, los humanos y la naturaleza estaban inextricablemente unidos en el gran tejido de la existencia.

LOS GUERREROS AGUILA Y JAGUAR: LA ELITE DE LOS EJERCITOS AZTECAS Y SU ASCENSO A LO DIVINO

En el mundo guerrero de los aztecas, dos grupos destacaban por su valentía y destreza: los Guerreros Águila y los Guerreros Jaguar. Estos luchadores de élite no sólo eran los pilares del ejército azteca, sino también figuras centrales de la cultura y la mitología aztecas, que encarnaban los ideales de valentía, fuerza y espiritualidad.

El entrenamiento y la vida de los guerreros águila y jaguar

Convertirse en un Guerrero Águila o Jaguar no era tarea fácil. Requería un entrenamiento riguroso, que comenzaba en la infancia. Los jóvenes aprendían el arte de la guerra, tácticas, lucha, manejo de armas y resistencia física. También tenían que aprender principios religiosos y espirituales, esenciales para su vida como guerreros.

Los aspirantes debían superar arduas pruebas para demostrar su valía. Éstas incluían actos de valentía en la batalla, rituales de paso y desafíos espirituales. Los rituales solían ir acompañados de ayunos, oraciones y sacrificios, ya que los guerreros intentaban ganarse el favor de los dioses y demostrar su compromiso con su pueblo y sus creencias.

Una vez aceptados en las filas de los Guerreros Águila o Jaguares, estos hombres eran vistos como encarnaciones de los animales sagrados que representaban. Las águilas, símbolos del sol y el cielo, eran famosas por su visión y habilidad en el combate a distancia. Los jaguares, que representaban la tierra y la noche, eran admirados por su sigilo y su fuerza bruta. Los guerreros llevaban armaduras y cascos que representaban a estos animales, marcando su estatus y su papel en la sociedad azteca.

Importancia cultural y espiritual

Los guerreros águila y jaguar eran algo más que soldados: eran protectores de su pueblo y símbolos vivientes del poder y la resistencia aztecas. En tiempos de guerra, estaban en primera línea, enfrentándose a sus enemigos con una valentía y una destreza sin igual. En tiempos de paz, eran ejemplos de virtud y devoción, participando en ceremonias religiosas y rituales comunitarios. Para los aztecas, los guerreros caídos tenían un honor especial en la otra vida. Se suponía que acompañaban al sol en su viaje por el cielo, pasando a formar parte de la cosmología divina. Esta creencia reflejaba la visión azteca de que la guerra y el sacrificio estaban intrínsecamente ligados al orden cósmico y a la espiritualidad.

El legado de los Guerreros Águila y Jaguar perdura en el imaginario colectivo, representando el valor, el honor y la búsqueda de la superación personal. En el arte, la literatura y la cultura popular, siguen inspirando con su mezcla única de fuerza física y profundidad espiritual. Los Guerreros Águila y los Jaguares del Imperio Azteca eran mucho más que simples luchadores: eran figuras emblemáticas que representaban los más altos ideales de su cultura. Su riguroso entrenamiento, su valentía en la batalla y su profunda espiritualidad los elevaron a la categoría de leyendas, encarnando la fuerza, el valor y el compromiso con principios superiores a ellos mismos. Su historia sigue fascinándonos, recordándonos la importancia de la fortaleza de espíritu y el valor ante la adversidad.

PARTE VI

LA VIDA COTIDIANA Y LO DIVINO - PRÁCTICAS Y CREENCIAS

LOS RITOS DE PASO: NACIMIENTO, VIDA Y MUERTE EN LA TRADICION AZTECA

Nacimiento e infancia en la cultura azteca

El nacimiento de un niño era un acontecimiento de gran importancia en la sociedad azteca, rodeado de rituales y creencias específicas. Desde su nacimiento, el niño se integraba en un mundo en el que lo espiritual y lo temporal estaban estrechamente vinculados.

El nacimiento se recibía con ceremonias propiciatorias. Los sacerdotes aztecas, o "tlamacazqui", realizaban ritos para purificar al niño y protegerlo de los malos espíritus. Estos rituales incluían baños simbólicos y ofrendas a los dioses, en particular a Tonantzin, la diosa madre, y a Tlaloc, el dios de la lluvia y la fertilidad, para garantizar la salud y el bienestar del niño.

La ceremonia del nombre era otro hito importante. Tenía lugar pocos días después del nacimiento, cuando se le daba el nombre al niño, a menudo inspirado por las circunstancias de su nacimiento o por la naturaleza. La educación comenzaba a una edad temprana, con los niños formados en las artes de la guerra y las niñas en las tareas domésticas y los rituales religiosos.

Al llegar a la adolescencia, los jóvenes aztecas se sometían a ritos de iniciación. Los chicos ingresaban en un "telpochcalli", una escuela de formación militar y religiosa. En el caso de las niñas, el énfasis se ponía en el aprendizaje de las tareas domésticas y los rituales religiosos, preparándolas para el matrimonio y la maternidad.

Vida adulta y prácticas sociales

La vida adulta de los aztecas estaba marcada por rituales y obligaciones tanto sociales como religiosos, lo que reflejaba su visión del mundo, en la que cada acción tenía una dimensión espiritual.

El matrimonio era un pilar de la sociedad azteca, a menudo concertado por las familias. Las ceremonias de

boda eran muy elaboradas e incluían rituales para bendecir
la unión, banquetes y bailes. La familia extensa
desempeñaba un papel crucial en la vida cotidiana, con
estrechos lazos de parentesco y responsabilidades
compartidas.

Los roles sociales estaban claramente definidos en la
sociedad azteca. Los hombres eran generalmente guerreros,
agricultores o artesanos, mientras que las mujeres se
ocupaban del hogar y participaban en actividades como el
tejido y la alfarería. La religión desempeñaba un papel
central en la vida cotidiana, con sacerdotes y chamanes que
desempeñaban funciones clave en la comunidad.

La vida adulta estaba jalonada por una serie de ritos y
celebraciones religiosas, reflejo de la creencia de que las
actividades cotidianas estaban intrínsecamente ligadas a lo
divino. Eran frecuentes las ofrendas y los sacrificios,
destinados a mantener el equilibrio y la armonía con los
dioses.

La muerte y el más allá

La muerte era un pasaje crucial en la cultura azteca, que
marcaba la transición del alma a otro estado de existencia.

Los ritos funerarios aztecas reflejaban las creencias
sobre la muerte y el más allá. El cuerpo solía incinerarse o
enterrarse con objetos personales, alimentos y ofrendas
para acompañar al alma en la otra vida. El llanto y los
lamentos eran parte integrante del duelo y expresaban la
pérdida y la separación.

Los aztecas creían en varios destinos para las almas después de la muerte, dependiendo de cómo hubiera muerto la persona. Tlalocan era el paraíso de Tlaloc para los que morían por causas relacionadas con el agua. Mictlan, el inframundo, era el lugar donde la mayoría de las almas pasaban por una serie de pruebas para alcanzar el descanso final.

La muerte no se veía como un final, sino como una continuación del ciclo de la vida. Los antepasados eran venerados e invocados en los rituales, desempeñando un papel activo en la protección y guía de los vivos. Esta visión cíclica de la vida y la muerte reforzaba el vínculo entre generaciones y el respeto por la tradición.

Los ritos de paso de la cultura azteca, desde el nacimiento hasta la muerte, formaban un complejo entramado de creencias y prácticas que reflejaban una profunda comprensión de la vida, la espiritualidad y el cosmos. Estas tradiciones, impregnadas de significado religioso y social, configuraron la identidad individual y colectiva, ilustrando la visión holística azteca de una existencia integrada en un ciclo eterno de nacimiento, vida, muerte y renacimiento.

OFRENDAS Y SACRIFICIOS: INTERCAMBIO CON LOS DIOSES

En la antigua sociedad azteca, las ofrendas y los sacrificios eran un aspecto fundamental de la vida religiosa y cultural. Estas prácticas, mucho más que meros rituales, se consideraban un intercambio vital con los dioses, esencial para mantener el equilibrio cósmico y garantizar la prosperidad de la sociedad.

Las ofrendas: un acto de devoción y gratitud

Las ofrendas aztecas eran diversas y reflejaban una profunda devoción por las deidades. Podían adoptar la forma de alimentos, flores, incienso, joyas, objetos de arte y, en ocasiones, sacrificios de animales. Con estas ofrendas, los aztecas agradecían a los dioses sus bendiciones, pedían ayuda o protección y mostraban su sumisión y respeto a las fuerzas divinas. Todas las clases sociales participaban en estas ofrendas. Los gobernantes y nobles ofrecían suntuosos regalos para reflejar su estatus, mientras que los ciudadanos de a pie ofrecían lo que podían, subrayando la importancia de la participación colectiva en el mantenimiento de la armonía cósmica. Las ofrendas eran también una forma de que los individuos y las familias conectaran personalmente con los dioses, reforzando su fe y su identidad espiritual.

Las ofrendas eran una parte fundamental de muchos ritos y festivales aztecas. Los templos y altares eran lugares especiales para estas ofrendas, donde la gente acudía a presentar sus regalos a los dioses. Los festivales, a menudo vinculados al calendario agrícola o a acontecimientos cósmicos, estaban marcados por ofrendas masivas, en un ambiente de celebración y reverencia.

Sacrificios: un pilar de la espiritualidad azteca

Los sacrificios humanos, aunque a menudo malinterpretados, eran una parte crucial de la religión azteca. Estos actos no eran simples muestras de brutalidad, sino más bien complejos rituales llenos de simbolismo y significado espiritual. Se suponía que los sacrificios alimentaban a los dioses y aseguraban la continuidad del mundo. A menudo se asociaban con los dioses del sol y de la guerra, como Huitzilopochtli, para quien la sangre humana era esencial para su fuerza y poder.

Las víctimas de los sacrificios solían ser prisioneros de guerra o voluntarios, estos últimos considerados mártires que se entregaban por una causa mayor. Los rituales de sacrificio incluían procesiones, danzas, cantos y oraciones, que culminaban con la ofrenda del corazón de la víctima a los dioses. Estos actos se realizaban en lugares sagrados, como las cimas de los templos-pirámides, visibles para toda la comunidad.

Los sacrificios humanos reforzaban la cohesión social y la jerarquía, recordando constantemente a los aztecas la presencia y el poder de los dioses en su vida cotidiana. Estos rituales eran también un medio de infundir temor y respeto a las autoridades religiosas y políticas, consolidando así el poder y el orden social.

Las prácticas de ofrendas y sacrificios de los aztecas eran mucho más que simples rituales religiosos; constituían el núcleo mismo de su relación con lo divino. Estos actos de devoción y sacrificio reflejaban una profunda comprensión del mundo cósmico y del lugar del hombre en él. Al ofrecer regalos y sacrificarse, los aztecas pretendían mantener el equilibrio cósmico y asegurar la continuidad de la vida, ilustrando una profunda interdependencia entre los humanos y lo divino. Estas prácticas, a la vez magníficas y aterradoras, dan testimonio de la complejidad y riqueza de la civilización azteca, donde lo sagrado y lo profano estaban inextricablemente entretejidos en el tejido de la vida cotidiana.

FIESTAS Y CELEBRACIONES : EL CALENDARIO Y SUS FIESTAS RELIGIOSAS

El calendario azteca, obra maestra de precisión astronómica y significado espiritual, regía la vida cotidiana y las ceremonias religiosas. Este complejo calendario, que incorporaba tanto un ciclo solar como un ciclo ritual, dictaba el ritmo de las fiestas y celebraciones, esenciales para mantener la armonía cósmica y honrar a las divinidades.

Principales fiestas y ceremonias del calendario azteca

Año Nuevo azteca: Atlcahualo

El Atlcahualo, celebrado al principio del calendario azteca, marcaba el final de un ciclo y el comienzo de otro. Este festival, dedicado principalmente a Tlaloc, el dios de la lluvia, y a otras deidades vinculadas a la fertilidad y el agua, era crucial para asegurar un año de cosechas abundantes. Implicaba ofrendas masivas, danzas rituales y, a veces, sacrificios humanos para apaciguar a los dioses y garantizar su benevolencia para el año siguiente.

El Festival de Xipe Totec: Tlacaxipehualiztli

Tlacaxipehualiztli, dedicado a Xipe Tótec, dios de la fertilidad y la regeneración, era una celebración del renacimiento y la renovación. Durante este periodo, los aztecas practicaban rituales de purificación y renovación de la tierra y las comunidades. Se realizaban sacrificios y ofrendas para simbolizar la muerte de lo viejo y el nacimiento de lo nuevo.

Celebración de Huitzilopochtli: Panquetzaliztli

Panquetzaliztli era una de las mayores celebraciones aztecas, dedicada a Huitzilopochtli, dios del sol y de la guerra. Esta fiesta marcaba el inicio de la estación seca y era una demostración de fuerza y poder. Se organizaban procesiones, danzas de guerra, juegos de pelota y sacrificios para honrar al dios y alentar la victoria y el éxito en las batallas venideras.

Toxcatl: La celebración de Tezcatlipoca

Toxcatl, dedicado a Tezcatlipoca, el dios de la noche y el destino, era un periodo de reflexión y respeto por las fuerzas misteriosas que gobernaban el mundo. Las fiestas nocturnas, los rituales de adivinación y los sacrificios simbolizaban el poder de Tezcatlipoca sobre la fortuna y el destino humanos.

Importancia e impacto de los festivales aztecas

Las fiestas y celebraciones aztecas eran momentos clave para reforzar los lazos comunitarios y afirmar la identidad cultural. Estos eventos reunían a miembros de diferentes clases sociales, creando un sentimiento de unidad y pertenencia. Las fiestas también servían para transmitir tradiciones, historias y valores de generación en generación.

Estas celebraciones tenían un profundo significado en el mantenimiento del equilibrio cósmico. Los aztecas creían que los rituales y sacrificios realizados durante estas fiestas eran cruciales para garantizar la continuidad de la vida, la estabilidad del mundo y la satisfacción de los dioses. Eran una forma de rendir homenaje a las fuerzas divinas y garantizar su benevolencia hacia el pueblo.

Los festivales aztecas eran una expresión viva de espiritualidad y conexión con lo divino. A través del canto, la danza, el ritual y el sacrificio, los aztecas expresaban su devoción, temor y gratitud a los dioses. Estas celebraciones eran oportunidades para vivir y sentir lo sagrado, anclando la religión en la experiencia cotidiana.

Las fiestas y celebraciones del calendario azteca eran mucho más que meros acontecimientos sociales; eran el corazón palpitante de la cultura y la espiritualidad aztecas. Cada festival era rico en tradición y colorido con rituales, mitos y símbolos, que reflejaban la compleja y profundamente arraigada visión del mundo de los aztecas. Estas celebraciones eran un vínculo vital entre el cielo y la tierra, entre los dioses y los hombres, y desempeñaban un papel crucial en la preservación del orden cósmico y el mantenimiento de la cohesión social y cultural.

CONCLUSION

A través de las páginas de este libro, hemos viajado en el tiempo, explorando las profundidades de la mitología y la cultura aztecas. Desde su compleja cosmología y sus rituales cotidianos hasta el panteón de sus dioses y sus leyendas heroicas, cada capítulo ha sido una ventana abierta a un mundo rico y fascinante.

Comenzamos nuestro viaje adentrándonos en la cosmología azteca, descubriendo un universo donde el cielo y la tierra están íntimamente ligados en un frágil equilibrio. Las historias de los Cinco Soles y el significado de las estrellas nos revelaron una visión del mundo en la que cada elemento está impregnado de espiritualidad y significado.

A medida que viajábamos por el panteón azteca, nos encontrábamos con deidades tan diversas como poderosas, cada una de las cuales encarnaba diferentes aspectos de la naturaleza y la experiencia humana. De Quetzalcóatl a Huitzilopochtli, de Tláloc a Xochiquetzal, cada dios y diosa nos contó una historia sobre los valores, miedos y esperanzas de los aztecas.

Los relatos míticos, poblados de criaturas fantásticas y héroes legendarios, revelaron un aspecto esencial de la imaginación azteca. Desde las historias de los nahuales hasta las leyendas de Popocatépetl e Iztaccíhuatl, descubrimos cómo estos mitos configuraron no sólo la comprensión azteca del mundo, sino también sus valores y su moral.

Al explorar los ritos de paso, las ofrendas, los sacrificios y las festividades, pudimos comprender la importancia de la religión en la vida cotidiana de los aztecas. Estas prácticas no eran meros rituales, sino expresiones de una relación profunda y compleja con lo divino.

Aunque el imperio azteca ha desaparecido, su legado sigue vivo. Sus conocimientos, su arte, su arquitectura y, sobre todo, sus historias mitológicas siguen siendo fuente de inspiración y fascinación. Los aztecas nos recuerdan la importancia de la armonía con la naturaleza y el universo, un mensaje que sigue vigente hoy en día.

Este libro era una invitación a comprender una cultura profundamente arraigada en su entorno natural y espiritual. Los aztecas nos muestran cómo una civilización puede interpretar el mundo que la rodea, tejiendo relatos que explican el origen del universo, la naturaleza de los dioses y el lugar del hombre en este gran esquema.

Que este viaje al pasado sea fuente de inspiración, educación y reflexión personal.

Gracias por acompañarnos en esta exploración de uno de los pueblos más cautivadores de la historia de la humanidad. Que las historias y lecciones de los aztecas resuenen con todos nosotros, recordándonos que, a pesar del paso del tiempo, hay sabiduría que es atemporal.

AGRADECIMIENTOS

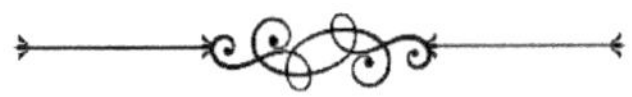

Quisiera expresar mi gratitud a todos los que han hecho posible este libro. A los numerosos investigadores y autores que han conservado e interpretado estos mitos a lo largo de los siglos. Al equipo editorial que ha elaborado con esmero cada página de este libro. Y, sobre todo, a ustedes, queridos lectores, por su interés y pasión por estas historias que nos han fascinado durante milenios.

¡Dé su opinión sincera en Amazon!

Sus sugerencias y críticas son inestimables.

*Hacen que cada experiencia de lectura sea
aún más satisfactoria.*

Muchas gracias por leer mi libro.

Le deseo todo el éxito que se merece.

FUENTE IMAGENES

El autor y el editor desean dar las gracias especialmente a los siguientes sitios web:

www.pxhere.com/

www.publicdomainpictures.net

www.commons.wikimedia.org/

www.pixnio.com

www.lookandlearn.com

www.creazilla.com

www.snl.no.com